माधवराव सिंधिया :

व्यक्तित्व एवं कृतित्व

माधवराव सिंधिया :

व्यक्तित्व एवं कृतित्व

डॉ० आनंद कुमार शर्मा
एम०ए० (इतिहास),
एम०ए० (प्राचीन भारतीय इतिहास, संस्कृति एवं पुरातत्व)
पी-एच.डी., नेट

राधा पब्लिकेशन्स
नई दिल्ली—110002

प्रथम संस्करण : 2010
ISBN : 81-7487-692-8
ISBN : 978-81-7487-692-8

ISBN 81-7487-692-8

9788174876928

राधा पब्लिकेशन्स
4231/1, अंसारी रोड, दरियागंज,
नई दिल्ली-110002
फोनः 23247003, 23254306

श्री नितिन गर्ग द्वारा राधा पब्लिकेशन्स के लिए प्रकाशित तथा
एशियन ऑफसेट प्रेस, मौजपुर, दिल्ली-110053 में मुद्रित।

समर्पण

माँ मांडरे
वाली माता के
चरणों में सादर समर्पित

अनुक्रम

भूमिका

माधवराव सिंधिया (1945-2001ई.) भारतीय राजनीति की जानी मानी शख्सियत थे। वे भारत सरकार में तीन बार केन्द्रीय मंत्री रहे तथा 13वीं लोकसभा में विपक्ष (कांग्रेस) के उपनेता रहे। माधवराव सिंधिया ग्वालियर की भूतपूर्व सिंधिया रियासत (ग्वालियर रियासत) के ग्यारहवें शासक तथा जीवाजीराव सिंधिया के उत्तराधिकारी थे। ग्वालियर की सिंधिया रियासत में *माधवराव* नाम के कई शासक हुए, ये माधवराव (1945-2001ई.), दूसरे (द्वितीय) नम्बर के थे। अतः पुस्तक में माधवराव सिंधिया (1945-2001ई.) को कई स्थानों पर **माधवराव सिंधिया द्वितीय (1945-2001ई.)** के रूप में उल्लेखित किया गया है। माधवराव सिंधिया का जन्म 10 मार्च 1945 ई. को समुद्रमहल, बम्बई (मुंबई), महाराष्ट्र में हुआ था। माधवराव सिंधिया, जीवाजीराव सिंधिया एवं विजयाराजे सिंधिया के एकमात्र पुत्र थे। माधवराव सिंधिया का राज्यारोहण राजमाता विजयाराजे सिंधिया के निर्देशन में 1966 ई. में ग्वालियर में संपन्न हुआ। तब माधवराव की आयु 21 वर्ष की थी। उन्हें 'महाराज' की 'पद्वी' से सुशोभित किया गया। वस्तुतः भारत सरकार ने पहले ही माधवराव सिंधिया को ग्वालियर का शासक मानकर महाराजा जीवाजीराव सिंधिया का उत्तराधिकारी घोषित कर दिया था।

आजादी के बाद देश के अनेक राजे-रजवाड़ों के राजा-महाराजाओं ने राजनीति में प्रवेश किया, किन्तु वे भारतीय लोकतांत्रिक प्रणाली में सामंजस्य न बिठा सके। माधवराव ऐसा कर सके! उन्होंने समय की वास्तविकताओं को खुली आँखों से देखा और भविष्य को अतीत के

हाथों गिरबी नहीं रखने दिया। माधवराव सिंधिया ने जनता की नब्ज के मर्ज को समझा और लोकसत्ता में राजसत्ता को समाहित कर 'राजनैतिक इतिहास' को नया पर्याय प्रदान किया। देश में राजे-रजवाड़ों के उन्मूलन के वर्षो बाद भी भूतपूर्व ग्वालियर राज्य के उत्तराधिकारीयों का प्रभुत्व आज तक ग्वालियर अंचल में कायम रहा है। वह भी किसी भय या राजनीतिक स्वार्थ के कारण नहीं बल्कि भावनाओं और राजवंश से जनता के सीधे संपर्क के कारण। इसकी तुलना ब्रिटेन के राजतंत्र से की जा सकती है, जहाँ राजा ने आधुनिक लोकतंत्र की मान्यताओं और प्राचीन परंपराओं के साथ अद्‌भुत सामंजस्य बना रखा है। कमोवेश यही बात सिंधिया राजपरिवार के बारे में भी सटीक है।

माधवराव सिंधिया ने देश की केन्द्रीय राजनीति में प्रमुख भूमिका निभायी। वे केन्द्र में रेलराज्य मंत्री, नागरिक उड्डयन एवं पर्यटन मंत्री तथा मानव संसाधन एवं विकास मंत्री रहे। इस दौरान उन्होंने प्रशासनिक क्षमता एवं कार्यकुशलता का शानदार परिचय दिया। माधवराव सिंधिया ने सामाजिक एवं सांस्कृतिक क्षेत्र में सक्रिय योगदान दिया। सामाजिक, आर्थिक, धार्मिक, कला एवं संस्कृति के संवर्धन के लिए उन्होंने सकारात्मक सहयोग दिया। माधवराव सिंधिया की कांग्रेस में हैसियत लगातार बढ़ती गई और लोकप्रिय नेता की छवि के साथ-साथ पार्टी के संचालन में उनकी कुशलता को भी व्यापक मान्यता मिली। लोकसभा में विपक्षी दल कांग्रेस के वे उपनेता रहे एवं भारत के भावी प्रधानमंत्री के रुप में देखे जाने लगे थे।

मैंने प्रस्तुत पुस्तक में **"माधवराव सिंधिया के व्यक्तित्व एवं कृतित्व"** को प्रकाश में लाने का प्रयास किया है। अध्ययन की सुविधा की दृष्टि से सम्पूर्ण पुस्तक को पाँच अध्यायों में विभाजित किया गया है, जिनका संक्षिप्त विवरण निम्नानुसार है -

अध्याय - प्रथम *में "ग्वालियर राज्य की भौगोलिक स्थिति"* पर प्रकाश डाला गया है। ग्वालियर राज्य की भौगोलिक स्थिति सामरिक एवं राजनीतिक दृष्टि से अत्यन्त महत्वपूर्ण थी। इस भौगोलिक स्थिति का लाभ प्राप्त करके सिंधिया शासकों ने उत्तरी भारत एवं राजपूताने में महत्वपूर्ण सैन्य-अभियानों का सफल संचालन किया। ग्वालियर

राज्य भौगोलिक रुप से उत्तर में चंबल, पूर्व में झाँसी, जालौन, ललितपुर एवं सागर, दक्षिण में इन्दौर, धार रियासतों एवं पश्चिम दिशा में राजगढ़, झालावाड़, प्रतापगढ़, कोटा रियासतों के बीच स्थित था। वस्तुतः पूर्व ग्वालियर राज्य मुख्य रुप से चंबल और नर्मदा नदियों के मध्य फैला हुआ था। सिंधिया राज्य को भौगोलिक जलवायु के आधार पर उत्तरी भाग एवं दक्षिणी भाग में मुख्य रुप से बाँटा गया हैं। ग्वालियर रियासत मुख्यतः उष्ण कटिबंधीय शुष्क पर्णपाती वन पाये जाते थे।

अध्याय – द्वितीय में *"सिंधिया राजघराने का इतिहास"* पर प्रकाश डाला गया है। सत्रहवीं शताब्दी में मराठा शक्ति के उत्थानों के कारणों में से ही, सिंधिया राजवंश की उत्पत्ति मानी जा सकती हैं। सिंधिया राजवंश के आदि पुरुष महाराष्ट्र के सतारा जिले के कन्हेरखेड़ा गांव के पटेल थे, जो बालाजी विश्वनाथ की सेवा में थे। इसी कुल के *राणोजी* ने अपनी बहादुरी एवं वफादारी से पेशवा के सेनापतियों में महत्वपूर्ण स्थान बना लिया और 1731 ई. में मालवा का राजकाज औपचारिक रुप से सिंधिया और होल्कर को सौंप दिया और उन्हें राजमुद्राएं प्रदान की गई। राणोजी के बाद *जयप्पा सिंधिया* (1745–59 ई.) ने सिंधिया राजवंश को शक्तिशाली बनाया और उत्तरी भारत में महत्वपूर्ण शक्ति के रुप में मराठों को स्थापित करने में अपना योगदान दिया। 1752 ई. के मुगल–मराठा समझौते में जयप्पा की महत्वपूर्ण थी, अब वे दिल्ली की राजनीति में व्यस्त रहने लगे थे। जयप्पा के बाद *दत्ताजी* (1759 ई.) सिंधिया वंश के शासक हुए। उन्होंने अहमदशाह अब्दाली के सहयोगी नजीब खाँ से युद्ध करते वीरगति पायी थी। जयप्पा के पुत्र *जनकोजी* (1760–61 ई.) पानीपत के तृतीय युद्ध में मारे गये। पानीपत के तृतीय युद्ध में से किसी प्रकार से महादजी सिंधिया (1761–94 ई.) बचने में सफल रहे।

महादजी सिंधिया (1761–94 ई.) ने अपनी तलवार के बल पर उत्तर भारत में पुनः मराठा शक्ति का झण्डा फहराया। अपनी फुर्तीली सफलता से उन्होंने दिल्ली की सत्ता को अपनी मुट्ठी में कैद कर लिया था और पदच्युत मुगल सम्राट् शाहआलम द्वितीय को इलाहाबाद से लाकर दिल्ली में सत्तासीन किया। महादजी सिंधिया ने अपनी सेना

को यूरोपीयन पद्धति पर तैयार करने के लिए फ्रांसीसी अफसरों को सेना में तैनात किया था। मराठों की बढ़ती महत्वाकांक्षाएँ अंग्रेजो के लिए परेशानी पैदा कर सकती थी, अतः पेशवा पद के प्रश्न पर अंग्रेजों ने हस्तक्षेप किया और प्रथम आंग्ल-मराठा युद्ध 1775-82 ई. के मध्य लड़ा गया। यह युद्ध 17 मई 1782 ई. की सालबई की संधि से समाप्त हुआ। इस संधि में महादजी सिंधिया को 'महाराज' माना गया और कंपनी ने अपना रेजिडेण्ट सिंधिया के दरबार में तैनात कर दिया। *दौलतराव* (1794-1827 ई.), महादजी सिंधिया के योग्य उत्तराधिकारी सिद्ध न हो सके। दौलतराव होल्कर से आंतरिक कलह में फंस गये और दोनों में गंभीर तरीके के युद्ध हुए, जिसके कारण पेशवा को भागकर अंग्रेजों से बसीन की संधि करनी पड़ी। किन्तु यह दौलतराव को नागवार लगा और अंग्रेजों पर आक्रमण करके करारी शिकस्त पाकर 1803 ई. में सुरजी अर्जुनगांव की संधि के लिए बाध्य होना पड़ा। दौलतराव के काल में पिंडारियों के प्रश्न पर अंग्रेजों और मराठों के मध्य अंतिम युद्ध हुआ, जिसमें मराठे हारे और अंग्रेजों की सर्वोच्चता स्थापित हो गयी। *जनकोजीराव सिंधिया* (1827-43 ई.), दौलतराव के उत्तराधिकारी बने। वे राजमहल के आंतरिक षडयंत्रों से बचने के लिए हमेशा अंग्रेजों से सहायता के लिए रेजिडेण्ट महोदय के प्रति कृतज्ञ बने रहे।

जयाजीराव सिंधिया (1843-86 ई.) के काल की प्रमुख घटना प्रथम स्वतंत्रता संग्राम था, जब वे अल्पवयस्क थे और संग्राम के समय आगरा चले गये थे। जयाजीराव कला एवं संस्कृति के महान् संरक्षक थे। उन्होंने अनेक महल एवं भवन बनवाये।

माधवराव सिंधिया प्रथम (1886-1925 ई.), महान-सुधारक थे, उन्होंने शानदार प्रशासनिक क्षमता का परिचय दिया। उन्होंने प्रशासन को अत्याधुनिक अंग्रेजी पद्धति की तरह तैयार किया। प्रत्येक कार्य के लिए विभाग की स्थापना की। उन्होंने अपनी कार्यप्रणाली से अपनी प्रजा में खासी ख्याति प्राप्त की थी। उन्होंने प्रशासन में जनता की भागीदारी को सुनिश्चित किया। उन्होंने सर्वधर्मसंभाव की शानदार परंपरा प्रारंभ की। उन्होंने अपने कृषकों को "अन्नदाता" कहा और उनकी प्रजा उन्हें प्यार से 'माधौ महाराज' कहती थी। *जीवाजीराव*

सिंधिया (1925-1961ई.) माधवराव प्रथम के योग्य उत्तराधिकारी थे, उन्होंने देश आजाद होने पर अपनी रियासत, जो देश की दूसरी सबसे बड़ी रियासत थी, को भारत देश में विलय कर दिया और राष्ट्र के कोष में चौवन करोड़ रुपये का योगदान दिया। उन्होंने अनेक समाज उपयोगी कार्य किये और कई शैक्षणिक संस्थानों की स्थापना करवायी।

अध्याय – तृतीय *में "माधवराव सिंधिया का जीवन परिचय"* दिया गया हैं। इस अध्याय में माधवराव सिंधिया के जन्म से लेकर मृत्यु तक जीवनभर की घटनाओं पर प्रकाश डाला गया है।

माधवराव सिंधिया द्वितीय (1945-2001 ई.) का जन्म 10 मार्च, 1945 ई. में समुद्रमहल बंबई (मुम्बई) में हुआ था। आप महाराज जीवाजीराव सिंधिया एवं महारानी विजयाराजे सिंधिया की पांच संतानों में एकमात्र पुत्र थे। माधवराव सिंधिया की प्रारंभिक शिक्षा ग्वालियर में एवं उच्च शिक्षा इंग्लैण्ड में हुई। माधवराव सिंधिया का औपचारिक राज्यारोहण 1966 ई. में ग्वालियर में राजमाता विजयाराजे सिंधिया के संरक्षण में हुआ। माधवराव सिंधिया का विवाह 8 मई, 1966 ई. में दिल्ली में नेपाल के राणा परिवार की कन्या माधवीराजे से हुआ। उन्होंने 1971 ई. में गुना संसदीय क्षेत्र से पहली बार लोकसभा का चुनाव जीता और तब से लगातार नौ बार लोकसभा का चुनाव जीतते रहे। वे केन्द्रीय सरकार में रेल राज्यमंत्री, नागरिक उड्डयन एवं पर्यटन मंत्री तथा मानव संसाधन एवं विकास मंत्री रहे। 1999 ई. में वे लोकसभा में कांग्रेस दल के उपनेता बनाये गये। माधवराव का संसद एवं लोकतंत्र में अटूट विश्वास था। माधवराव सिंधिया मध्यप्रदेश क्रिकेट एसोसिएशन एवं भारतीय क्रिकेट कंट्रोल बोर्ड के अध्यक्ष रहने के साथ-साथ कई अन्य खेल संस्थाओं के अध्यक्ष, उपाध्यक्ष एवं संरक्षक रहे थे। माधवराव सिंधिया की मृत्यु दिल्ली से कानपुर में चुनाव प्रचार के लिए जाते समय विमान दुर्घटना में 30 सितम्बर 2001 ई. को उत्तरप्रदेश के मैनपुरी जिले के भैंसटोली गाँव में हुई।

अध्याय – चतुर्थ *में "माधवराव सिंधिया का प्रशासनिक क्षेत्र में योगदान"* पर प्रकाश डाला गया है। माधवराव सिंधिया ने प्रशासनिक क्षेत्र में महत्वपूर्ण योगदान दिया। वे अपने प्रशासनिक जीवनकाल में

केन्द्र में तीन मंत्रालयों में मंत्री रहे, जिनमें अपनी प्रशासनिक कार्यशैली एवं कुशल प्रबंधन का उन्होंने अद्‌भुत परिचय दिया। माधवराव सिंधिया ने 1984-86 ई. तक रेल राज्यमंत्री तथा 1986-89 ई. में रेल राज्यमंत्री (स्वतंत्र प्रभार) का कार्यभार संभाला। रेलवे में उन्होंने कंम्प्यूटर युग का श्रीगणेश किया, जिससे भारतीय रेलवे विश्व की सबसे बड़ी कम्प्यूटरीकृत सेवा बन गई। उन्होंने रेलवे स्टेशनों पर पूछताछ कार्यालयों का आधुनिकीकरण किया। गाड़ियों की स्थितिं दर्शाने के लिए 'डिजिटल बोर्ड' लगाये गये। उन्होंने आदर्श रेलवे स्टेशनों की योजना बनाई। इससे रेलवे स्टेशनों का आधुनिकीकरण हुआ। उनके कार्यकाल में देश के 66 रेलवे स्टेशनों को आदर्श स्टेशन के तौर पर विकसित करने के लिए चुना गया। आदर्श रेलवे स्टेशनों पर यात्रियों को अत्याधुनिक सुविधाएँ उपलब्ध करायी गयी थी। माधवराव सिंधिया ने रेल लाईनों के विद्युतीकरण पर विशेष ध्यान दिया! ताकि तीव्र गति की रेल गाड़ियाँ चलायी जा सके। उन्होंने पुराने रेल ट्रैकों के स्थान पर नये ट्रेक बिछाने की वृहद योजना को लागू किया।

माधवराव ने नई रेल लाईनों के बिछाने के साथ ही गुना-इटावा के बीच रेल लाईन बिछवायी। गुना-इटावा रेल लाईन माधवराव सिंधिया का सपना था। रेलमंत्री रहते उन्होंने इस योजना को स्वीकृति दी, जो 1999 ई. में बनकर तैयार हुई। उन्होंने रेलवे में नवीन अधिक शक्तिशाली विद्युत रेल इंजनों को समाहित करवाया। इसके लिए फ्रांस एवं जर्मनी से नये इंजन एवं तकनीकीं सहयोग लिया। माधवराव सिंधिया ने देश में शताब्दी जैसी सुपरफास्ट रेलगाड़ियाँ संचालित करवायी। माधवराव ने रेलों में आम जनता की सुविधा को देखते हुए अधिक से अधिक कोचों की वृद्धि सुनिश्चित की। उनके समय में रेलें 93 प्रतिशत समय पर चलती थी। वे रेलों के समय पर विशेष ध्यान रखते थे। उन्होंने रेलों में सुविधाओं को बढ़ाने के साथ साफ-सफाई का विशेष ध्यान रखा। रेलवे में गंदी थालियों में परोसा जाने वाला भोजन स्वच्छ पैकिंग 'कैसरोल' में पेश करने की व्यवस्था करवायी। माधवराव सिंधिया ने रेलवे में होने वाली दुर्घटनाओं एवं यातायात व्यवस्था को ध्यान में रखते हुए अनेक ओवर ब्रिज एवं

अण्डर ब्रिजों का निर्माण कराया। माधवराव सिंधिया ने अपने कार्यकाल में रेलवे को आत्मनिर्भर बनाने के लिए अनेक कारखानों की स्थापना करवायी। ग्वालियर में रेल स्प्रिंग कारखाने की स्थापना करवायी। उन्होंने रेलवे से होने वाली दुर्घटनाओं को रोकने के लिए *'दस सूत्रीय सुरक्षा योजना'* बनायी। माधवराव ने अपने कार्यकाल में स्वतंत्रता सैनानियों एवं निःशक्त लोगों के लिए विशेष सुविधाएँ प्रदान की। माधवराव सिंधिया के कार्यकाल में रेलवे की ख्याति विश्वभर में फैली और इसका लाभ इरकॉन को विदेशों में रेल निर्माण के अंतर्राष्ट्रीय ठेके मिलने के रुप में देखा गया। माधवराव सिंधिया ने रेलमंत्री रहते ग्वालियर का विशेष ध्यान रखा। ग्वालियर रेलवे स्टेशन को आदर्श रेलवे स्टेशन के रुप में विकसित किया। ग्वालियर से नवीन रेलगाड़ियों को चलवाया तथा कई रेलगाड़ियों के स्टेशन पर स्टॉपेज करवाये। रेलमंत्री के रुप में माधवराव सिंधिया के प्रशासनिक कौशल की प्रशंसा उनके उत्तराधिकारी मंत्री जॉर्ज फर्नानडीज ने भी की थी।

माधवराव सिंधिया 1991-93 ई. तक केन्द्र में नागरिक उड्डयन एवं पर्यटन मंत्री रहे। उन्होंने मंत्रालय में विशिष्ट कार्यशैली को लागू किया। उन्होंने उड्डयन क्षेत्र में व्यावसायिक दृष्टिकोण का परिचय दिया। उन्होंने हवाई अड्डों के आधुनिकीकरण की वृहद् योजना बनायी और देश के बारह हवाईअड्डों को आदर्श हवाईअड्डों के रुप में विकसित करने की योजना बनायी। उड्डयन क्षेत्र में उन्होंने *'खुली आकाश नीति'* को पेश किया। साथ ही वैश्वीकरण एवं उदारीकरण के दौर में उड्डयन क्षेत्र के निजीकरण की योजना बनायी। उन्होंने अपनी कार्यकुशलता से एयर इण्डिया को लाभ के उपक्रम में बदल दिया था। माधवराव सिंधिया ने छोटे शहरों सहित ग्वालियर में हवाई सुविधाओं को उपलब्ध करवाया।

माधवराव ने पर्यटन क्षेत्र को विकसित करने के लिए नवीन 'टूरिस्ट सर्किट' विकसित करने की योजना बनायी। उन्होंने 'ग्वालियर-शिवपुरी-चंदेरी को टूरिस्ट सर्किट' के रुप में विकसित किया। शिवपुरी में देश का प्रथम 'पर्यटन-ग्राम' उन्हीं के प्रयासों से बना। माधवराव ने आईटीडीसी के होटलों के निजीकरण की योजना बनायी थी, उनका मानना था कि सरकार का काम होटल चलाना नहीं

हैं। उन्होंने *'हैरीटेज होटलो'* की नवीन योजना प्रस्तुत की। माधवराव सिंधिया ने ग्वालियर में *'भारतीय पर्यटन व यात्रा प्रबंध संस्थान'* की स्थापना करवायी। नागरिक उड्डयन एवं पर्यटन मंत्री रहते समय उनके कार्यकाल में 1993 ई. में दिल्ली के पालम हवाईअड्डे पर पट्टे पर लिया गया उज्बेकिस्तान का विमान दुर्घटनाग्रस्त हो गया, जिसकी नैतिक जिम्मेदारी लेते हुए उन्होंने मंत्री पद से इस्तीफा दे दिया था।

माधवराव सिंधिया 1995-96 ई. में मानव संसाधन एवं विकास मंत्री रहे। मंत्री रहते उन्होंने शिक्षा के सार्वभौमिकरण पर विशेष जोर दिया। शिक्षा के सार्वभौमिकरण एवं बच्चों को स्कूलों की ओर आकर्षित करने के लिए विश्व के सबसे बड़े कार्यक्रम *'मध्यान्ह भोजन योजना'* को प्रारंभ किया। माधवराव सिंधिया ने महिला एवं बाल विकास के कई कार्यक्रमों को अपने कार्यकाल में लागू किया। महिलाओं के सशक्तीकरण के लिए 'महिला समृद्धि योजना' एवं 'राष्ट्रीय महिला कोष' बनाया गया। महिला सशक्तीकरण एवं उनके अधिकारों के बारे में उन्होंने 1995 में बीजिंग (चीन) में हुए *'अंतर्राष्ट्रीय महिला सम्मेलन'* में विश्व को बताया। उन्होंने अल्पसंख्यकों के शैक्षणिक विकास के लिए अनेक योजनाएँ बनायी तथा मदरसों का आधुनिकीकरण करने की योजना बनायी। माधवराव सिंधिया ने देश के विश्वविद्यालयों के विकास के लिए प्रचुर धनराशि मंत्रालय से प्रदान की। उन्होंने बनारस में 'हिन्दी विश्वविद्यालय' तथा हैदराबाद में 'उर्दू विश्वविद्यालय' की स्थापना को स्वीकृति दी। उन्होंने राज्यों का ओपन विश्वविद्यालय स्थापित करने की ओर ध्यान आकर्षित किया। उन्होंने ग्वालियर के शारीरिक शिक्षा महाविद्यालय को *'सम-विश्वविद्यालय'* का दर्जा प्रदान किया तथा जीवाजी विश्वविद्यालय, ग्वालियर में अनेक नए कोर्सो को मान्यता प्रदान करवायी। ग्वालियर में एक *'बहुआयामी कला केन्द्र'* की स्थापना उन्होंने करवायी। ग्वालियर में उन्होंने एशिया के प्रथम 'राष्ट्रीय सूचना एवं प्रबंधन संस्थान' की स्थापना करवायी। इसी प्रकार इन्दौर एवं कालीकट में 'भारतीय तकनीकी एवं प्रबंध सूचना संस्थान' की स्थापना करवायी। शिक्षा के प्रसार हेतु उन्होंने ग्रामीण क्षेत्रों में अनेक केन्द्रीय विद्यालय एवं जवाहर नवोदय विद्यालयों

की स्थापना करवायी। उन्होंने देश में पहली बार 'राष्ट्रीय युवा विकास समिति' का गठन किया तथा देश की साँस्कृतिक धरोहरों के संरक्षण के लिए प्रयास किये।

अध्याय – पंचम *में "माधवराव सिंधिया का सामाजिक एवं साँस्कृतिक क्षेत्र में योगदान"* पर प्रकाश डाला गया है। माधवराव सिंधिया ने सामाजिक एवं साँस्कृतिक क्षेत्र में अपना अमूल्य योगदान दिया। शिक्षा, अर्थव्यवस्था, कृषि अर्थव्यवस्था, सामाजिक उत्थान, धार्मिक क्षेत्र, कला एवं संस्कृति, शहरी क्षेत्रों का विकास एवं खेलों के क्षेत्र में उन्होंने ऐतिहासिक कार्यो का संपादन किया। शिक्षा क्षेत्र के सर्वांगीण विकास के लिए उन्होने शिक्षा के सार्वभौमिकरण पर बल दिया। उन्होंने अनेक स्कूली शिक्षण संस्थानों के विकास के साथ-साथ महाविद्यालयीन एवं विश्वविद्यालयीन स्तर के संस्थानों के विकास के लिए कार्य किया। माधवराव सिंधिया को आर्थिक क्षेत्र की गहरी समझ थी। उन्होंने वैश्वीकरण, निजीकरण एवं आर्थिक सुधारों को अपना पूरा समर्थन दिया। ग्वालियर अंचल का औद्योगीकरण उनकी व्यक्तिगत रुचि के कारण ही हो सका। उन्होंने मालनपुर एवं बानमोर जैसे उद्योग क्षेत्रों का विकास किया। ग्वालियर में देश का दूसरा एवं मध्यप्रदेश का पहला 'दस्तकारी हॉट' निर्माण करवाके शिल्प क्षेत्र का आर्थिक उत्थान किया। माधवराव ने कृषि एवं कृषकों की आर्थिक अवस्था को सुधारने के लिए ग्राम से लेकर संसद तक अपना योगदान दिया। उन्होंने कृषकों की दशा सुधारने के लिए दुग्ध उद्योग को भी प्रोत्साहित किया था। भारतीय किसानों के हितों की रक्षा हेतु एवं वैश्वीकरण के प्रभावों से उनकी रक्षा के लिए सदैव संसद में संघर्ष किया।

माधवराव सिंधिया ने सामाजिक एवं धार्मिक क्षेत्र में सक्रिय रुप से अपना योगदान दिया। समाज में व्याप्त अंधविश्वासों एवं सामाजिक कुरीतियों पर उन्होंने आधुनिक दृष्टिकोण अपनाकर तार्किक ढंग से प्रहार किया। सामाजिक रुप से पिछड़े हरिजन-आदिवासियों के सामाजिक एवं आर्थिक उत्थान के लिए उन्होंने कई सरकारी नीतियों को लागू करवाने में महत्वपूर्ण भूमिका निभायी। माधवराव सिंधिया धार्मिक क्षेत्र में सभी धर्मो के बीच सद्‌भाव एवं मेल मिलाप की बात

करते थे। उनकी दृढ़ मान्यता थी कि भारत जैसे बहुलतावादी देश में धर्म निरपेक्षता और साम्प्रदायिक सद्भाव के बिना देश की एकता एवं अखण्डता को सुरक्षित नहीं रखा जा सकता है। माधवराव सिंधिया ने कला एवं संस्कृति के उन्नयन के लिए कई कार्यों का संपादन किया। उन्होंने ग्वालियर की संगीत कला के उत्थान के लिए 'हिन्दुस्तानी संगीत विद्यालय' की स्थापना करवायी। उन्होंने कई सांस्कृतिक कार्यक्रमों का आयोजन ग्वालियर मेले में एवं मोतीमहल के बैजाताल में जल में तैरते रंगमंच पर करवाये। कला एवं संस्कृति के संवर्धन के लिए 'बहुआयामी कला केन्द्र' को उन्होंने स्वीकृति प्रदान की थी।

माधवराव सिंधिया ने ग्वालियर अंचल के शहरीकरण एवं शहरी विकास योजनाओं को लागू करवाया। ग्वालियर को राष्ट्रीय राजधानी क्षेत्र के अंतर्गत विकसित करने के लिए *'मेंग्नेटिक सिटी'* का विकास करवाया। शहरों के जल एवं मल निकास के लिए अत्याधुनिक प्रणालियों का प्रयोग उन्होंने करवाकर सुविधाएँ विकसित की। उन्होंने चंदेरी, गुना, शिवपुरी एवं ग्वालियर अंचल के अन्य शहरों के विकास के लिए भी योजनाएँ बनायी। माधवराव सिंधिया ने खेलों के प्रोत्साहन के लिए देश में खासी ख्याति अर्जित की थी। वे स्वयं भी एक अच्छे खिलाड़ी थे। वे मध्यप्रदेश क्रिकेट एसोसियेशन एवं भारतीय क्रिकेट कंट्रोल बोर्ड के अध्यक्ष रहे। ग्वालियर में क्रिकेट को बढ़ावा देने के लिए उन्होंने अंतर्राष्ट्रीय स्तर की सुविधाएँ विकसित करवायी, जिसके कारण अंतर्राष्ट्रीय स्तर के कई खेल मैचों का आयोजन हो सका। हॉकी के विकास के लिए नवीन हॉकी स्टेडियम का निर्माण कराया एवं उसमें अंतर्राष्ट्रीय स्तर की 'एस्ट्रोटर्फ मैदान' को बिछवाया। माधवराव सिंधिया ने अन्य खेलों के विकास में भी प्रत्यक्ष या अप्रत्यक्ष रुप से भी अपना महत्वपूर्ण योगदान दिया।

(डॉ. आनन्द कुमार शर्मा)

नवरात्र, आश्विन,
01, विक्रम संवत्, 2066
दिनाँक :- 19/09/2009
स्थान :- ग्वालियर

अध्याय 1

ग्वालियर राज्य की भौगोलिक स्थिति

भौगोलिक स्थिति

भौगोलिक स्थिति इतिहास की धाराओं को धरा पर अपने अनुसार मोड़ने पर बाध्य करती हैं। विशेष स्थान का भूगोल एवं भौगोलिक परिस्थिति विशेष प्रकार की वेशभूषा, खानपान, जीवन पद्धतियाँ, शारीरिक विशेषताओं, अर्थव्यवस्था आदि का निर्माण करती है। किसी भी राज्य के उत्कर्ष एवं पराभव में भौगोलिक परिस्थितियाँ अपना प्रभाव दिखाती हैं। शिवाजी महाराज के उत्कर्ष एवं औरंगजेब के पराभव में भौगोलिक परिस्थितियों का प्रभाव स्वतः दृष्टव्य है। ग्वालियर का सिंधिया राज्य मराठा संघ का शक्तिशाली अंग था। इसकी भौगोलिक स्थिति सामरिक एवं राजनीतिक दृष्टि से अत्यन्त महत्वपूर्ण थी। यह आधुनिक मध्यप्रदेश के उत्तरी, मध्य एवं पश्चिमी भाग के साथ चंबल के आसपास एवं राजपूताने के कुछ भागों तक विस्तृत था।

ग्वालियर राज्य का विस्तार $22^{0}8'-26^{0}50'$ उत्तरी अक्षांश से $74^{0}43'-79^{0}57'$ पूर्वी देशान्तर तक था। ग्वालियर राज्य के उत्तर में चंबल, पूर्व में झाँसी, जालौन, ललितपुर एवं सागर, दक्षिण में इन्दौर, धार रियासतें एवं पश्चिम दिशा में राजगढ़, झालावाड़, प्रतापगढ़, कोटा रियासतों के बीच ग्वालियर राज्य की सीमाएँ विस्तारित थी। इस राज्य का क्षेत्रफल 26,397 वर्गमील था तथा सन् 1948 ई. में राज्य की

कुल जनसंख्या लगभग 40 लाख थी।

ग्वालियर राज्य की प्रारंभिक राजधानी 'उज्जैन' थी। जिसे 1810 ई. में दौलतराव सिंधिया 'ग्वालियर' ले आये। जहाँ से सिंधिया शासकों ने उत्तरी भारत पर सफलता के साथ शासन किया। गालव ऋषि की तपोभूमि 'ग्वालियर' भारत के हृदय स्थल मध्य भाग में स्थित है। ग्वालियर $25^0 34' - 26^0 21'$ उत्तरी अक्षांश एवं $77^0 44' - 78^0 50'$ पूर्वी देशान्तर पर स्थित हैं। समुद्रतट से ग्वालियर भू-भाग लगभग 600 फीट ऊँचाई पर स्थित है।

ग्वालियर अपने प्राचीन एवं गौरवपूर्ण इतिहास के लिए प्राचीनकाल से ही जाना जाता है। ग्वालियर में प्रागैतिहासिक काल से आधुनिक काल तक का इतिहास निर्वाध रुप से प्राप्त होता है। ग्वालियर का नाम गोपाद्रि, गोपागिरी, ग्वालिये, ग्वाला, गोपाचल आदि शब्दों का अपभ्रंश है और परिवर्तित होते-होते ग्वालहेर एवं यूरोपियनों (अंग्रेजों) द्वारा 'ग्वालियर' कहा जाने लगा। टेरी ने सन् 1655 ई. में एवं ट्रेवर्नियर ने सन् 1671 ई. में अपने यात्रा-वृतांत में ग्वालियर का उल्लेख किया हैं। शेरशाह के काल में देहली से मालवा मार्ग ग्वालियर होकर जाता था। ऐतरेय ब्राह्मण में भी इस प्रदेश का उल्लेख हैं।

भौगोलिक विभाजन

ग्वालियर राज्य के मुख्य रुप से दो भाग थे-

(अ) ग्वालियर या उत्तरी भाग

(ब) मालवा या दक्षिणी भाग

इसके अतिरिक्त एक छोटा सा परगना जिसका क्षेत्रफल 26 वर्गमील था, जो राजपूताना में था। वस्तुतः पूर्व ग्वालियर राज्य मुख्य रुप से चंबल और नर्मदा नदियों के मध्य फैला हुआ था।

तत्कालीन ग्वालियर राज्य के दोनों भागों का विवरण इस प्रकार है :-

(अ) उत्तरी भाग

उत्तरी भाग जिसको ग्वालियर प्रांत कहा जाता था एक ही

श्रृंखला में फैला हुआ था। उत्तरी भाग का क्षेत्रफल 17,020 वर्गमील था तथा यह 23°30'-26°49' उत्तरी अक्षांश तथा 76°06'-79°38' पूर्वी देशान्तर रेखाओं के बीच का भाग था।

(ब) दक्षिणी भाग

यह भाग मुख्यतः मालवा क्षेत्र में विस्तृत था। इस भाग का क्षेत्रफल 8021 वर्गमील था। यह भाग अत्यन्त बिखरा हुआ था। इस भाग में काली मिट्टी की बहुलता थी और वर्षा कम होती थी।

जलवायु

किसी राज्य की जलवायु, उस राज्य के आर्थिक एवं सामाजिक तत्वों को प्रत्यक्षतः प्रभावित करती है। ग्वालियर राज्य की जलवायु विविधता लिये हुए थी, क्योंकि संपूर्ण ग्वालियर पृथक-पृथक रुप से भौगोलिक भागों में बंटा हुआ था और उनमें पर्याप्त भिन्नता थी। इसके अतिरिक्त ग्वालियर राज्य का अधिकांश भाग पठारी होने के कारण मालवा क्षेत्र में अधिक गर्मी पड़ती थी और उत्तरी प्रांत में अपेक्षाकृत कम गर्मी रहती थी। अधिकाशतः उत्तरी भाग में तीन जिले - श्योपुर, मुरैना, भिण्ड, गिर्द का कुछ भाग, जो मैदानी भाग में स्थित है, में गर्मी 120° फारेनहाइट तक पहुँच जाती थी साथ ही इस क्षेत्र में ठण्डों के समय ठण्ड अधिक पड़ती थी। दक्षिणी भाग अर्थात् मालवा क्षेत्र अपने नर्म जलवायु के लिये प्राचीनकाल से प्रसिद्ध रहा है। यह वह क्षेत्र था, जिसमें कम वर्षा में भी खेती हो जाती थी इसलिये मालवा के लिए कहावत थी "पग-पग रोटी, डग डग नीर"। इस क्षेत्र में औसतन 30 - 40 इंच के मध्य वर्षा होती थी। वस्तुतः ग्वालियर राज्य की जलवायु, मानसूनी प्रकार की जलवायु थी।

वर्षा

ग्वालियर राज्य के मुख्यतः तीन भिन्न वर्षा भाग थे-

(अ) प्रथम क्षेत्र - प्रथम क्षेत्र में वे स्थान थे जहाँ 40 इंच से अधिक वर्षा होती थी। इसमें उज्जैन, सरदारपुर, शाजापुर

तथा भेलसा के जिले आते थे।

(ब) **द्वितीय क्षेत्र** – इस क्षेत्र में लगभग 30 इंच वर्षा होती है इसमें भिण्ड, मुरैना, शिवपुरी, गुना, गिर्द जिले आते थे।

(स) **तृतीय क्षेत्र** – इस क्षेत्र में बहुत ही कम वर्षा होती थी। यह क्षेत्र मुख्यतः सूखाग्रस्त भाग था। इसमें श्योपुर, मंदसौर जिले आते थे। इन जिलों में 20 इंच वर्षा होती थी।

ऋतुएँ

ग्वालियर राज्य में मुख्यतः तीन प्रकार की ऋतुएँ होती थी, जो अद्योगत् है :-

1. **ग्रीष्म ऋतु :-** ग्रीष्म ऋतु मार्च से जून तक रहती थी। ग्वालियर राज्य में सर्वाधिक गर्मी ग्वालियर में तथा सबसे कम शिवपुरी में पड़ती थी। इसी कारण शिवपुरी, सिंधिया शासकों की 'ग्रीष्मकालीन राजधानी' थी। मई-जून माह में चलने वाली धूल भरी अत्यधिक गर्मी युक्त हवाएँ चलती थी, जिन्हें "लू" कहा जाता था। इस दौरान 48^0 से.ग्रे. तक तापमान पहुँच जाता था।
2. **वर्षा ऋतु :-** वर्षा ऋतु मुख्यतः जुलाई से अक्टूबर तक रहती थी। अगस्त माह में सर्वाधिक वर्षा होती थी। ग्वालियर राज्य में मानसूनी हवाओं से वर्षा होती थी। ग्वालियर राज्य में मानसून जून के अंतिम सप्ताह से लेकर जुलाई के प्रथम सप्ताह के मध्य सक्रिय हो जाता था।
3. **शीत ऋतु :-** यह नवम्बर से फरवरी माह तक रहती थी। जनवरी माह में राज्य में "शीत लहर" चलती थी, जो अत्यधिक ठण्डी होती थी। शीत ऋतु में होने वाली वर्षा जो कृषि के लिए अत्यधिक लाभदायक रहती थी को "मावट" कहा जाता था। शीत ऋतु में तापमान 3^0 से.ग्रे. तक गिर जाता था।

मिट्टी

ग्वालियर राज्य में अनेक प्रकार की मिट्टी पायी जाती थीं। मिट्टी में पायी जानी वाली विविधता के कारण कृषि उत्पादन में भी विविधता पायी गयी है। डॉ0 एम. हेमंड बेनेट के अनुसार, 'भूमि के तल पर पाई जाने वाली असंगठित पदार्थो की वह ऊपरी परत जो मूल चट्टानों तथा वनस्पति अंश के योग से निर्मित हुई है, मिट्टी है।'

ग्वालियर राज्य में निम्नलिखित प्रकार की मिट्टी मिलती थी–

(1) **दोमट** :– यह मिट्टी चिकनी व बलुई मिट्टियों से बनी है। इसमें मध्य आकार के कण होते है जो न अधिक मोटे और न अधिक बारीक होते है। यह कृषि के लिए आदर्श मिट्टी होती हैं।

(2) **बलुआ** :– यह पीले रंग की मिट्टी होती है। यह एक अनुपजाऊ प्रकार की मिट्टी है। कृषि हेतु सिंचाई की अधिक आवश्यकता पड़ती है।

(3) **कछारी** :– बाढ़ के दौरान नदियों द्वारा अपने अपवाह क्षेत्र में बिछाई गई मिट्टी होती है। ग्वालियर राज्य के भिण्ड, मुरैना, श्योपुर जिलों में चंबल एवं उसकी सहायक नदियों द्वारा यह मिट्टी लाई जाती थी। यह मिट्टी कृषि के लिए अत्यधिक उपयोगी होती है।

(4) **काबर** :– यह मिट्टी हलके काले रंग की होती थी। इसमें सूखने पर दरार पड़ जाती है।

(5) **भूरी** :– यह मिट्टी कम उपजाऊ होती है। वर्षा के बाद यह मिट्टी शुष्क हो जाती है।

(6) **पहुआ** :– यह भूरे रंग की रेतीली मिट्टी होती है। यह उत्तरी ग्वालियर के कछारी भाग में पाई जाती है। यह मिट्टी बहुत उपजाऊ होती है।

(7) **राकड़** :– यह पथरीली भूमि अधिकांशतः चट्टानी क्षेत्रों में है। यहाँ पर जंगली पेड़–पौधे अधिकांश होते है। कृषि हेतु अनुपयोगी होती है।

(8) **आबी :-** वर्षा ऋतु में पानी भरने के बाद सूख जाने वाली भूमि में पायी जाती है।

(9) **धामानी:-** यह भूरे एवं हल्के रंग की चिकनी मिट्‌टी होती है जो शीघ्र घुलती नहीं है एवं कम उपजाऊ है।

(10) **तीर :-** यह मिट्‌टी नदी के किनारों पर पाई जाती है। यह कृषि योग्य एवं उपजाऊ होती है।

भूमि

किसी भी राज्य की भूमि उस राज्य के कृषि संसाधनों पर सीधा प्रभाव डालती है। राज्य में कितनी भूमि कृषि कार्य में ली जाती है और कितनी अकृषित पड़ी रह जाती है, इस बात की ओर इंगित करती है कि कृषि हेतु भूमि का कितना दोहन किया जा रहा है। ग्वालियर राज्य में 33.4% भूमि, कृषि भूमि के अंतर्गत आती थी, अर्थात कुल भूमि में से 33.4% भूमि पर कृषि की जाती थी जबकि 24.9% भूमि, अकृषित भूमि थी, जिस पर कृषि (खेती) नहीं होती थी, 13.2% भूमि पर वन आच्छांदित थे। ग्वालियर राज्य की कुल उपलब्ध कृषित भूमि में से 78.2% भू-भाग पर खाद्यान्न फसलें उत्पादित की जाती थी और 21.8% भू-भाग पर अखाद्यान्न फसलें उत्पन्न होती थी।

कृषि

भारत युग-युग से कृषि प्रधान देश रहा है। अतः कृषि प्रमुख वृत्ति थी। कृषि प्रमुख वृत्ति होने के कारण साम्राज्यों के राजस्व की रीढ़ भी प्रमुखतः कृषिकर ही था। अतः कृषि की संवृद्धि की ओर राजवंश हमेशा से ध्यान दिया करते थे। ग्वालियर राज्य भी प्रमुखतः कृषि प्रधान क्षेत्र था, अतः 1916 ई. में ग्वालियर राज्य में 'कृषि विभाग' की स्थापना की। यहाँ अनेक प्रकार की कृषि उपजें ली जाती थी, जो अद्योगत है-

(1) रबी की फसल

यह मुख्यतः अक्टूबर-नवम्बर में बोई जाती थी और मार्च-अप्रैल में काटी जाती थी, इसके तहत् मुख्यतः गेहूँ, चना, सरसों, दालें आदि फसलें आती थी।

(2) खरीफ की फसल

खरीफ की फसल जून-जुलाई में बोई जाती थी और अक्टूबर-नवम्बर में काटी जाती थी। ज्वार, बाजरा, मक्का, धान प्रमुख फसलें थी।

सिंचाई के साधन

किसी भी राज्य की कृषि की उन्नति एवं उपज में सिंचाई की उचित व्यवस्था महत्वपूर्ण भूमिका निभाती है। संपूर्ण भारत की तरह ग्वालियर राज्य में भी वर्षा ही सिंचाई का प्रमुख साधन थी किन्तु इसके साथ सिंधिया शासकों ने बाँधों, तालाबों, कुँओं, नहरों के द्वारा सिंचाई की उचित व्यवस्था करने का प्रयास किया था। राज्य में बहने वाली नदियाँ प्राकृतिक रुप से कृषि सिंचाई का साधन थी।

नदियाँ

ग्वालियर राज्य की प्रमुख नदियाँ निम्नलिखित है -

1. चम्बल

चंबल नदी आधुनिक मध्य प्रदेश के इन्दौर जिले में मऊ के निकट जानापाव पहाड़ी से निकलती है, जो समुद्र तल से 854 मीटर ऊँची है। चंबल नदी की कुल लंबाई 965 किलो मीटर है। चंबल नदी ग्वालियर राज्य की प्रमुख नदी थी। इसका प्राचीन नाम चर्मण्यती था, जिसका उल्लेख प्राचीन आख्यानों में मिलता है। पाणिनी की "अष्टाध्यायी" में इसका उल्लेख मिलता है। महाभारत के "अनुशासन पर्व" में

चर्मण्यती को "पुण्या" कहा गया है। इसकी सहायक नदियाँ काली सिंध, भेज, बनास, पार्वती है। स्वयं चंबल भी इटावा के पास यमुना में मिल जाती है।

2. बेतवा

यह विंध्य पर्वत से भोपाल के पास उबेदुल्लागंज (वर्तमान जिला रायसेन) के निकट से निकलती है। बेतवा नदी की कुल लंबाई 480 किलो मीटर है। इसका प्राचीन नाम "बेत्रवती" था। बेतवा, रियासत ग्वालियर में मौजे पहारिया पर दाखिल होती थी। ग्वालियर रियासत में करीब 50 मील बहकर यमुना में मिल जाती थी। इसकी सहायक नदियाँ बेश, ब्रेहा, कपूर्ना, सागर (नरैनी), केथान, केवटन आदि हैं। इसके किनारे साँची, विदिशा, ओरछा आदि प्रसिद्ध प्राचीन व सांस्कृतिक नगर स्थित है।

3. क्षिप्रा

यह नदी आधुनिक मध्य प्रदेश के इन्दौर जिले में स्थित काकरी-बरड़ी पहाड़ी से निकलती है। क्षिप्रा भारत की प्राचीनतम नदियों में से एक है। इसका उल्लेख महाजनपद काल, महाभारत काल आदि में मिलता है। महर्षि संदीपनी का आश्रम इसके किनारे उज्जैन था, जिसमें कृष्ण एवं बलराम ने शिक्षा प्राप्त की थी। इसके किनारे उज्जयिनी अति प्राचीन नगरी स्थित है। अबुल फजल ने इसे दूध की नदी कहा है।

4. पार्वती

पार्वती नदी, जिसे पश्चिमी पार्वती से भिन्न बताने के लिए पूर्वी पार्वती कहा जाता है, शिवपुरी जिले से निकलती है। पार्वती नदी के किनारे नाग शासकों की प्रसिद्ध राजधानी "पवाया" प्राचीन पद्मावती स्थित थी। यहाँ यह सिन्धु नदी में मिल जाती है। भवभूती की "मालती माधव" में पार्वती को "पारा" कहा गया है। कनिंघम ने भी "पारा" की पहचान पार्वती नदी से की है।

5. सिन्धु नदी

यह सिरोंज तहसील (विदिशा जिला) के मालवा पठार से निकलती है। सोन, पहून्ज, कुंआरी, वैसाली आदि इसकी सहायक नदियाँ है। यह नदी वर्तमान उत्तरी मध्यप्रदेश के गुना, शिवपुरी, ग्वालियर जिलों में बहती हुई, ग्वालियर जिले की भितरवार तहसील में स्थित पवाया (प्राचीन पद्‌मावती) में पार्वती नदी से आकर मिलती है। भवभूति के मालती माधव में सिन्धु नदी का उल्लेख हुआ है। अंत में यह नदी यमुना में मिल जाती है।

6. काली सिन्ध

यह देवास के बगालो गाँव के समीप विंध्याचल से निकलती है। इसका यह नाम इसमें काले पत्थरों की बिछात के कारण पड़ा है। इसकी सहायक नदियाँ लोद्री, तीलर, नेवज, घोर आदि है। अंत में यह राजपूताना (राजस्थान) में चंबल में मिलती है।

7. सांक

यह नदी आधुनिक ग्वालियर जिले के घाटीगांव विकासखण्ड के रेंहट रक्षित वन की डीन पहाड़ी (1420 फुट) से निकलती हैं, रियासत काल में यह गिर्द जिले में आता था। इस नदी पर तिघरा बांध बना है। सांक नदी का अत्यधिक साँस्कृतिक महत्व है।

8. आसन नदी

यह नदी मुरैना जिले से निकलती हैं। यह पीपल झील के रक्षित वन के दक्षिण से ग्वालियर जिले में प्रवेश करती है। यह नदी रियासत के ग्वालियर एवं मुरैना जिलों को सिंचित करती हे। इस नदी पर पगारा बाँध बना है। इसके किनारे महाभारत कालीन कुन्तलपुर (कुतबार) नगर (वर्तमान जिला मुरैना) स्थित है।

9. पहूज

यह नदी आधुनिक उत्तर प्रदेश के झाँसी जिले से निकलती है

जो भूतपूर्व ग्वालियर रियासत का एक भाग था। यह भाण्डेर के मैदान में बहने वाली एकमात्र महत्वपूर्ण नदी है।

10. मधुमती

यह सिन्ध की एक सहायक नदी है। मधुमती आधुनिक जिला शिवपुरी के रन्नौद (प्राचीन अरणिपद्र) के पास से निकलती हुई सुनारी से लगभग 8 मील दूर जाकर सिन्धु में मिलती है। मधुमती का एक अन्य नाम "मधुवेणी" भी तेरंही से प्राप्त एक अभिलेख (इंडियन ऐण्टक्वैरी, जिल्द 18, पृष्ठ 201-02) में उल्लेखित है। यह नदी अब "महुअर" के नाम से ज्ञात है। महाभारत में वर्णित "मधुवाहिनी" एवं "मधुविला" नामक नदियों का तात्पर्य संभवतः इसी नदी से है।

इनके अतिरिक्त रियासत ग्वालियर में अन्य नदियाँ सोनरेखा, वैसाली, मुरार, नून छछून्द, सुनारी, कुंआरी आदि छोटी-छोटी नदियाँ बहती है। राज्य में कुल छोटी मोटी 20 नदियाँ बहती है।

जलाशय

ग्वालियर रियासत के शासकों ने सिंचाई एवं पेयजल हेतु जलाशयों की व्यापक व्यवस्था की थी। ग्वालियर राज्य में जल प्रदाय हेतु लगभग 12 बड़े बाँध तथा छोटे मोटे तालाब व बांधों की कुल संख्या लगभग 864 थी। राज्य शासन की ओर से सिंचाई हेतु तालाबों को खुदवाने की बात करते हुए स्वयं श्रीमंत माधवराव सिंधिया (1945-2001) ने एक बार कहा था, ग्वालियर राज्य के भिण्ड, मुरैना, ग्वालियर, शिवपुरी, गुना से लेकर शाजापुर, उज्जैन, मंदसौर, सरदारपुर तक के जिलों, परगनों, टप्पों आदि स्थानों में सन् 1913 से लेकर 1920 तक स्थान-स्थान पर लगभग डेढ़ हजार तालाब राज्य शासन की ओर से खुदवाएँ गए थे, जो आज भी पानी से लबालब है।

राजधानी ग्वालियर में पेयजल व्यवस्था अति व्यवस्थित एवं अति सुन्दर थी, तत्कालीन भारत में पेयजल आपूर्ति एवं तकनीकी संचालन में इसका तीसरा स्थान था।

1905 ई. में श्रीमंत माधवराव सिंधिया प्रथम (1886-1925 ई.) ने रियासत में पृथक "सिंचाई विभाग" की स्थापना की। दिसम्बर 1906 ई. में भारत सरकार के सेवानिवृत्त सिंचाई महानिरीक्षक ने ग्वालियर राज्य के 'सिंचाई-विभाग' के प्रमुख का कार्यभार संभाला। उन्होंने राज्य की सिंचाई-संभावनाओं का व्यापक सर्वेक्षण किया। उन्होंने सम्पूर्ण राज्य को सिंचाई खण्डों में विभाजित किया और सिंचाई का एक सुव्यवस्थित ढांचा तैयार किया।

1910-11 ई. में ग्वालियर दरबार से जारी परिपत्र के आधार पर नई नीति में राज्य को निम्नलिखित तीन सिंचाई संभागों में वर्गीकृत किया गया :-

(अ) सुनिश्चित रुप से जल-पूर्ति की व्यवस्था के कारण अकाल-मुक्त,

(ब) अच्छे सिंचाई-साधन विद्यमान होने के कारण पर्याप्त रुप से सुरक्षित,

(स) जलाभाव के कारण अत्यधिक संकटग्रस्त

इस प्रकार सिंधिया शासकों ने सिंचाई-व्यवस्था की ओर व्यापक रुप से ध्यान दिया था।

वन

वन प्रकृत्ति के नायाब तोहफा होते है, जो वातावरण को मनोरम बनाते है और मनुष्य के जीवन में बड़े उपयोगी होते है। ग्वालियर रियासत में 1904 ई. में पृथक 'वन-विभाग' की स्थापना की गई। 1934-35 ई. में विभाग का पुनर्गठ्न किया गया। वस्तुतः ब्रिटिश सरकार ने 1862 में वनों के प्रबंध के लिए 'वन-विभाग' की स्थापना की थी। सिंधिया शासकों ने वन एवं वनोपज को प्रशासनिक नियंत्रण में लाकर वनों के लिए प्रशासनिक ढांचा तैयार कर राजस्व प्राप्ति का एक साधन बनाया। 1 जून 1905 को ग्वालियर राज्य शासन ने "वन संहिता" बनाने के लिए एक समिति की नियुक्ति की और वर्ष 1912-13 ई. में "वन-विधान" लागू हुआ, जिससे वन संबंधी अपराधों की रोकथाम में सहायता मिली। ग्वालियर रियासत वन संपदा की दृष्टि से संपन्न एवं समृद्ध थी। यहाँ मुख्यतः उष्ण कटिबंधीय शुष्क

पर्णपाती वन पाये जाते थे। यहाँ मुख्यतः हर्रा, कीकर, बबूल, पलाश, तेन्दू, धौरा, हल्दू, शीशम, सागौन, नीम, सिरिस आदि के वृक्ष पाये जाते है। वनों से जलाऊ एवं इमारती लकड़ी प्राप्त होती है इसके अतिरिक्त औषधि, पेड़-पौधे एवं जड़ी बूटियाँ भी वनों में पायी जाती है। वर्नोपजों से लकड़ी के खिलौने, पंखे, झाड़ू, चटाइयां आदि कुटीर उद्योग चलते थे।

खनिज संसाधन

ग्वालियर रियासत में खनिज संपदा प्रचूर मात्रा में विद्यमान थी। यहाँ अनेक प्रकार के खनिज पदार्थ पाये जाते थे। अबुल फजल ने लोहे की खानों एवं इब्नबतूता ने पत्थर की खानों का उल्लेख किया है। कर्नल स्लीमन ने "नमक" निर्माण का उल्लेख किया है।

ग्वालियर रियासत में निम्नलिखित खनिज पदार्थ पाये जाते थे-

नाम	प्राप्ति स्थान
1. लोहा	ग्वालियर, गिर्द, मंदसौर
2. अभ्रक	ग्वालियर, गिर्द
3. हरी मिट्‌टी	बासौदा, भेलसा
4. चूने का कंकर	हर जगह
5. बिल्लौरी पत्थर (स्फटिक)	गिर्द, शिवपुरी
6. चूने का पत्थर	गिर्द, शिवपुरी
7. स्लेट का पत्थर	गिर्द, मुरैना, श्योपुर, गुना, शिवपुरी, सरदारपुर, मंदसौर
8. कंकड़ (कंकर)	उज्जैन, श्योपुर, मुरैना, भेलसा, गिर्द,सरदारपुर
9. सफेद पत्थर	मंदसौर
10.एल्युमीनियम का पत्थर	गुना, शिवपुरी, भेलसा आदि

जनसंख्या

भारत की प्रथम वैधानिक जनगणना लॉर्ड रिपन के काल में 1881ई. में हुई। उसी समय ग्वालियर रियासत में सर्वप्रथम 1881 में जनगणना हुई एवं अंतिम जनगणना 1941 ई. में हुई थी। सन् 1931 की जनगणना के अनुसार 26,397 वर्गमील के क्षेत्रफल में कुल 35,23,070 व्यक्ति थे, जिनमें 18.5 लाख से अधिक पुरुष और 16.5 लाख से अधिक स्त्रियाँ थी। सन् 1941 की जनगणना के अनुसार राज्य की जनसंख्या 4006156 थी, जिनमें 21,16, 568 पुरुष एवं 18,89,591 स्त्रियाँ थी।

ग्रामीण एवं शहरी जनसंख्या

सन् 1941 की जनगणना के अनुसार राज्य की कुल जनसंख्या 4006156 में से 5,49,976 व्यक्ति शहरी क्षेत्रों तथा 34,56,183 व्यक्ति ग्रामीण क्षेत्रों में निवास करती थी। ग्रामीण जनसंख्या में लगभग 7 लाख व्यक्ति ग्रामों में निवास करते थे, जिनकी आबादी 500 से कम थी, 9 लाख लोग 500-1000 आबादी वाले ग्रामों में तथा 6 लाख व्यक्ति 1000-2000 जनसंख्या तक के ग्रामों तथा कस्बों में निवास करते थे।

अध्याय 2

ग्वालियर के सिंधिया राजघराने का इतिहास

सत्रहवीं शताब्दी में मराठा शक्ति का उत्थान मध्ययुगीन भारतीय इतिहास की एक अद्वितीय एवं महत्वपूर्ण घटना मानी जाती है। मराठों के उत्कर्ष में भौगोलिक, धार्मिक भाषायी एवं राजनैतिक परिस्थितियों का महत्वपूर्ण योगदान रहा है। मराठों की उत्पत्ति के इसी ऐतिहासिक विकास क्रम में सिंधिया राजवंश के उत्थान का इतिहास निहित है।

सिंधिया राजवंश की उत्पत्ति के संबंध में एक मत यह है कि सिंधिया शासक "मुनवी" जाति के कृषकों से संबंधित थे। सिंधिया राजवंश की उत्पत्ति के बारे में एक मत यह भी है कि प्राचीनकाल में 'सेन्द्रक' नामक क्षत्रिय थे। इसी सेन्द्रक से सेन्द्रे और फिर इसी से 'शिंदे' तथा बाद में इन्ही को सिंधिया कहा जाने लगा। सिंधिया घराने के आदि पुरुष महाराष्ट्र के सतारा से 16 मील पूर्व में कन्हेर खेड़ा गाँव के पटेल थे जो अपने आपको राजपूत वंश का बताते थे। इसी वंश के राणोजी ने अपना राजनैतिक जीवन बालाजी विश्वनाथ की सेवा से शुरु किया। राणोजी सिंधिया ने अपनी वफादारी एवं बहादूरी से पेशवा के सेनापतियों में महत्वपूर्ण स्थान बना लिया। इसी से प्रभावित हो पेशवा ने 1731 ई. में मालवा का राजकाज औपचारिक रुप से सिंधिया और होल्कर को सौप दिया और उन्हें राज मुद्राएँ प्रदान की। यहीं से सिंधिया राजवंश ने अपना महत्वपूर्ण स्थान इतिहास में बनाना प्रारंभ कर दिया।

सिंधिया राजवंश के शासक

सिंधिया राजवंश में अनेक शासक हुए, जो निम्नलिखित हैः-

1. राणोजी सिंधिया	–	1726-1745 ई.
2. जयप्पा सिंधिया	–	1745-1759 ई.
3. दत्ता जी सिंधिया	–	1759 ई.
4. जनकोजी सिंधिया	–	1760-61 ई.
5. महादजी सिंधिया	–	1761-1794 ई.
6. दौलतराव सिंधिया	–	1794-1827 ई.
7. जनकोजी राव सिंधिया	–	1827-1843 ई.
8. जयाजीराव सिंधिया	–	1843-1886 ई.
9. माधवराव सिंधिया प्रथम	–	1886-1925 ई.
10. जीवाजीराव सिंधिया	–	1925-1961 ई.
11. माधवराव सिंधिया द्वितीय	–	1961-2001 ई.
12. ज्योतिरादित्य सिंधिया	–	2001- अब तक

1. राणोजी सिंधिया (1726-1745 ई.)

ग्वालियर में सिंधिया घराने के संस्थापक राणोजी (रानू जी) सिंधिया बाजीराव पेशवा के यहाँ नौकरी करते थे। राणोजी सिंधिया बालाजी विश्वनाथ पेशवा के पायगा (घुड़सवार सेना) में बरगीर के रुप में सेवारत् रहते हुए, अपने शौर्य एवं वीरता के बल पर शीघ्र उन्नति करते गये। निजाम के विरुद्ध युद्ध में वीरता से प्रभावित हो बाजीराव ने उत्तरी भारत में मराठा राज्य की सीमाओं के विस्तार हेतु नियुक्त किया। उत्तरी भारत में राणोजी सिंधिया ने होल्कर के साथ मिलकर 'मराठा-राज्य' को मध्य भारत के मालवा के क्षेत्र एवं चंबल के दक्षिणी प्रदेशों में सशक्त तरीके से प्रतिष्ठित किया। राणोजी ने मालवा में पैर जमाते ही अपनी राजधानी प्राचीन नगर 'उज्जैन' में बनायी। जब तक कि दौलतराव सिंधिया ने सन् 1810 ई. में मौजूदा राजधानी लश्कर (ग्वालियर) की नींव नहीं डाली, उज्जैन रियासत का सदर मुकाम (राजधानी) रहा। राणोजी सिंधिया के शक्तिशाली रुप से मालवा क्षेत्र में पैर जमाने पर पेशवा ने होल्कर के साथ-साथ "राज मुद्राएँ" प्रदान

की तथा मालवा में वसूल किए गए करों में होल्कर के साथ बराबरी का हिस्सा (35.0प्रतिशत) दिया गया। "राज मुद्रा" का अधिकार एवं करों में व्यापक हिस्सा प्राप्त होने से सिंधिया राजवंश एक शक्तिशाली राजवंश के रुप में उभरने में सफल रहा। राणोजी अपनी शक्तिशाली सेना के साथ 1737 ई. में पेशवा के "दिल्ली कूच" में भी सम्मिलित थे। दिल्ली पर यह हमला पेशवा की शक्ति प्रदर्शन का हिस्सा मात्र था, न कि दिल्ली पर राज्य स्थापना के उद्देश्य से। राणोजी पेशवा की अगुवाई में हुए निजाम के विरुद्ध युद्ध में भी सम्मिलित रहे थे। 1745 ई. में शुजालपुर में उनकी मृत्यु हो गयी।

2. जयप्पा सिंधिया (1745–1759 ई.)

1745 ई. में राणोजी की मृत्यु के बाद जयप्पा, सिंधिया वंश के अगले शासक हुए। राणोजी की दो पत्नियों से कुल चार पुत्रियाँ एवं पाँच पुत्र थे। एक पुत्र की मृत्यु राणोजी के समय में ही हो गयी थी। राणोजी के सभी पुत्रों में "जयप्पा" सबसे बड़े थे। राणोजी की मृत्यु के बाद पेशवा ने "जयप्पा" को राणोजी की जागीर एवं सरंजाम दिया। इस प्रकार सिंधिया वंश में ज्येष्ठ पुत्र को उत्तराधिकार देने की परंपरा भी शुरु हो गयी। जयप्पा ने बड़ी कुशलता एवं वीरता से अपने उत्तरदायित्वों का पालन किया तथा राज्य व्यवस्था की रीढ़ राजस्व की आय को बड़ी कुशलता एवं प्रशासनिक प्रबंधन से साढ़े पैसठ लाख रुपये तक पहुँचा दिया।

जयप्पा बड़े वीर शासक थे, अपने शासनकाल में उन्होंने अधिकांश समय रणभूमि में ही बिताया। तत्कालीन राजनैतिक परिदृश्य में उपस्थित मुगलों, निजाम एवं राजपूताना के शासकों से लगातार संघर्ष जयप्पा ने किया। दक्षिण में निजाम लगातार अपनी शक्ति विस्तार कर मुगलों से मुक्त पूर्ण स्वतंत्र राज्य की स्थापना का स्वप्न देख रहा था, अतः निजाम की महत्वाकांक्षाओं एवं मराठों के बीच युद्ध अवश्यंभावी था, 1752 ई. में हुए युद्ध में जयप्पा ने पेशवा के मुख्य अफसर के रुप में भूमिका निभायी।

मराठे उत्तर भारत की राजनीति में अब मुख्य भूमिका निभाने लगे थे। अहमदशाह अब्दाली के आक्रमणों एवं अपनी स्थिति को सुदृढ़

बनाने के लिए वजीर सफदरजंग ने जयप्पा सिंधिया तथा होल्कर को पच्चीस हजार रुपये प्रतिदिन देने का वचन दिया था। 1752 ई. में मराठों से मुगलों ने एक समझौता किया, जिसमें जयप्पा सिंधिया भी शामिल थे। दिल्ली राजनीति में मराठों की महत्वपूर्ण स्थिति के समय जयप्पा ने सदैव सक्रिय भूमिका निभायी। 1753-54 ई. में मराठे उत्तर में मुगल सरदारों के मध्य चल रहे गृह-युद्ध, अहमदशाह की पदच्युति तथा आलमगीर द्वितीय के राज्यारोहण में व्यस्त रहे।

इस समय तक मराठे भारत में सर्वोच्च सत्ता के रुप में प्रतिष्ठित हो चुके थे, क्योंकि मुगलों की हालत दयनीय हो चुकी थी, अंग्रेज अभी इतने शक्तिशाली नहीं हुए थे कि मराठों की महात्वाकांक्षाओं में दीवार बन सके। इसी बीच "जयपुर" राज्य के सत्ता संघर्ष में पेशवा ने जयप्पा को हस्तक्षेप के लिए भेजा और इसी प्रक्रिया में नागौर के शासक विजय सिंह ने 1759 ई. में उनकी षड्यंत्र करके हत्या करवा दी।

3. दत्ताजी सिंधिया (1759 ई.)

जयप्पा सिंधिया की मृत्यु के बाद उसका भाई दत्ताजी सिंहासन पर बैठा। चूँकि जनकोजी अल्पवयस्क थे एवं राजनैतिक परिस्थिति इस समय अत्यन्त खतरनाक रुप धारण कर रही थी। जयप्पा सिंधिया की हत्या का प्रतिशोध लेना एवं अहमदशाह अब्दाली के संकट का सामना करना नये शासक के सामने प्रमुख दायित्व थे। अतः सिंधिया सरदारों ने दत्ताजी सिंधिया को राज्य का भार सौंपा। राज्यारोहण के पश्चात् दत्ताजी ने जयप्पा के हत्यारे "विजयसिंह" को कुचलने के लिए कूच किया और आठ माह के लंबे संघर्ष के बाद "विजयसिंह" को हथियार डालने के लिए बाध्य कर दिया। संधि स्वरुप विजयसिंह को नीचा देखना पड़ा और दत्ताजी ने राजनैतिक लाभ प्राप्त करते हुए, अजमेर और आगरा का भाग प्राप्त किया।

दत्ताजी ने 1759 ई. में वित्तीय स्थिति को सुदृढ़ करने की इच्छा से बंगाल पर हमला करने की योजना बनायी। किन्तु वे नजीब खाँ से सहायता लेने में असमर्थ रहे और गंगा के किनारे फंस गये। इसी बीच अहमदशाह अब्दाली आँधी की तरह मराठों की सैन्य चौकियों को

रौंदता हुआ दिल्ली के पास आ धमका। परिणामतः दत्ताजी को कठिन परिस्थिति का सामना करना पड़ा और ऐन-केन-प्रकारेण अपनी स्थिति को संभालने का सफल प्रयास किया। दत्ताजी ने नजीब खाँ को कुचलने के उद्‌देश्य से सैयद सम्प्रदाय के लोगों से सहायता लेने का प्रयास किया, किन्तु वे अपनी योजना को कार्यरुप न दे सके और अहमदशाह अब्दाली के भारत पर आक्रमण की खबर ने नजीब खाँ के हौसले बुलंद कर दिये और 10 जनवरी 1760 में नजीब खाँ से युद्ध करते वीरगति को प्राप्त हुए। विनायक दामोदर सावरकर ने दत्ताजी की वीरता एवं मराठा साम्राज्य में उनके योगदान की बड़ी प्रशंसा की है।

4. जनकोजी सिंधिया (1760-61 ई.)

जनकोजी, जयप्पा के पुत्र थे। जिस समय जनकोजी सिंधिया वंश के प्रमुख बने उस समय सिंधिया वंश ही नहीं, सम्पूर्ण मराठा कौम को भयानक संकट का सामना करना पड़ा। अहमदशाह अब्दाली के आक्रमण और उससे संबंधित घट्नाचक्र का शिकार पहले ही दत्ताजी हो चुके थे। ऐसी कठिन परिस्थिति में जनकोजी ने कमान संभाली और बड़ी वीरता से पानीपत के तृतीय युद्ध में अपने प्राणों की आहूती दी। 6 जनवरी 1761 ई. में पानीपत की लड़ाई में जनकोजी कैद कर लिये गये। शुजाउद्‌दौला की अहमदशाह अब्दाली से जान-बख्शी की अपील बेकार गयी और जनकोजी को कत्ल कर दिया गया। मराठों के लिए पानीपत का युद्ध व्यापक जनसंहार लेकर आया। जिसकी जानकारी पेशवा बाजीराव को उज्जैन में एक व्यापारी के कूट संदेश से मिली, "दो मोती विलीन हो गये, बाइस सोने की मुहरें लुप्त हो गई तथा चाँदी और ताँबे की तो पूरी गणना ही नहीं की जा सकती।"

5. महादजी सिंधिया (1761-1794 ई.)

महादजी सिंधिया, राणोजी के पाँच पुत्रों में ज्येष्ठता क्रम में चौथे थे। ये राणोजी तथा चिमाबाई से उत्पन्न हुए थे। महादजी सिंधिया की जन्मतिथि पर इतिहासकारों में मतैक्य नहीं हैं, सरदेसाई 1723 ई.

कीन 1730 ई. एवं डॉ0 सम्पूर्णानन्द 1727 ई. में बताते हैं। 1761 ई. की लड़ायी में सिंधिया अत्यन्त गंभीर रुप से घायल हो गये थे, किन्तु सौभाग्यवश एक मुस्लिम भिश्ती रानेखाँ उन्हें युद्ध भूमि से बचा लाया। इस पर कृतज्ञता दर्शाते हुए महादजी ने उसे एक जागीर प्रदान की, जिसका उपयोग राने खाँ के वंशज अभी तक कर रहे है। महादजी मालवा में सिंधिया परिवार की सत्ता पर अपना उत्तराधिकार तथा अपनी पैतृक सम्पत्ति में अपना दावा पेशवा से मान्य कराने में सफल रहे। अतः पेशवा माधवराव ने इन्हें मौरुसी (स्थायी) जागीर प्रदान की।

महादजी सिंधिया अत्यन्त शूरवीर एवं कठोर परिश्रमी शासक थे, उन्होंने शीघ्र ही पानीपत के तृतीय युद्ध में खोयी हुई शक्ति एवं प्रतिष्ठा को प्राप्त कर अपनी तलवार का लोहा मनवाया। महादजी सिंधिया ने अपनी स्थिति को सुदृढ़ करने के लिए सर्वप्रथम मध्य भारत में स्थित ग्वालियर के किले पर अपना अधिकार करने का प्रयास किया और वे 1765 ई. में गोहद के राणा लोकेन्द्र सिंह से किला जीतने में सफल रहे। ग्वालियर का किला न केवल हिन्दुस्तान में वरन् समूचे एशिया के सुदृढ़तम किलों में से एक था। ग्वालियर के किले को आगे की राजनैतिक एवं सामरिक नीति का आधार बनाकर महादजी सिंधिया ने अपने राज्य का विस्तार किया। महादजी सिंधिया ने तत्परता से अपनी आक्रामक विस्तारवादी नीति से अपनी शक्ति मालवा में कायम कर ली और 1764 से 1769 ई. तक अपनी धाक समूचे उत्तर भारत में कायम कर ली।

उनकी सफलता से प्रभावित होकर मुगल सम्राट शाहआलम द्वितीय ने उनसे सहायता माँगी। सन् 1771 ई. में महादजी सिंधियां ने दिल्ली में प्रवेश किया और 1772 ई. में शाहआलम को इलाहाबाद से लाकर दिल्ली के सिंहासन पर बैठा दिया। महादजी ने आगे बढ़कर शुक्रताल को जीतकर नजीबावाद को अप्रैल 1772 ई. में अपने कब्जे में ले लिया। नजीबावाद से उन्होंने पानीपत में की गई लूट वापिस प्राप्त की। इस वक्त महादजी सिंधिया 'राज्य निर्माता' की भूमिका में थे। इसी बीच 1772 ई. में पेशवा माधवराव की मृत्यु के साथ ही मराठा सरदार अपनी-अपनी ताकत बढ़ाने में जुट गये।

महादजी सिंधिया ने इस राजनैतिक परिस्थिति का भरपूर फायदा उठाया और अपनी शक्ति तथा राज्य-विस्तार बढ़ाने का कोई मौका हाथ से नहीं जाने दिया।

महादजी सिंधिया की विस्तारवादी नीति से मराठा-राज्य की सीमाएँ कंपनी की सीमा से मिल गयी और अब अंग्रेज एवं मराठे भारतीय राजनैतिक मंच पर आमने-सामने थे। अंग्रेजों एवं मराठों की बढ़ती महात्वाकांक्षाओं ने दोनों को युद्ध की ओर धकेला, जिसका अवसर पेशवा पद के उत्तराधिकार प्राप्ति में राघौवा की महात्वाकांक्षाओं ने प्रथम आंग्ल-मराठा युद्ध 1775-1782 ई. के रुप में सामने आया। इस युद्ध में मराठों ने प्रारंभ में अंग्रेजों से डटकर मुकाबला किया और कई स्थानों पर अंग्रेजों ने मुँह की खायी, किन्तु अंग्रेजों की रणनीतिक योजना एवं कुशल सैन्य-संचालन के सामने मराठे नहीं टिक सके। इसकी अंतिम परिणिती कैप्टन पोफम (पोपहम) के ग्वालियर पर अधिकार से हुई। महादजी सिंधिया ने स्थिति को भांपते हुए अंग्रेजों के साथ सुलह के लिए नवम्बर 1781 ई. में कर्नल म्योर के पास सुलह पैगाम भेजा और यह मंजूर हो गया। वारेन हेस्टिंग्ज ने डेविड ऐण्डरसन को समझौते के मसौदे को तैयार करने को कहा और 17 मई 1782 ई0 को सालबई की संधि पर हस्ताक्षर हो गये।

इस संधि से महादजी सिंधिया को महाराजा मान लिया गया और अब वे पेशवा के अधीन न रहे। कंपनी ने डेविड एण्डरसन को सिंधिया के दरबार में तैनात कर दिया। महादजी सिंधिया को केवल ग्वालियर के किले को छोड़कर, जो गोहद के राणा के कब्जे में रहा, उनका सारा प्रदेश वापस मिल गया। ग्वालियर के किले का हाथ से निकल जाना महादजी के लिए बराबर आत्मग्लानि का कारण बना रहा और उन्होंने 27 जुलाई 1783 में उसे फिर से जीत लिया और गोहद के राणा को इतना पंगु बना दिया कि 26 फरवरी 1784 को उसने गोहद भी सौंप दिया। इस प्रकार महादजी सिंधिया अंग्रेजों से हुई पराजय से पूर्ण रुप से उभर गये और मुगल दरबार में चल रही उठा-पटक में शाहआलम को सहयोग करने लगे। इस पर 1784 ई. में शहंशाह ने उन्हें "अमीर-उल-उमरा" बनाना चाहा! किन्तु उन्होंने

पेशवा के लिये 'वकील-उल मुतलक' और अपने लिये "नायब वकील" के मनसब की दरखास्त की, जिसे मान लिया गया। साथ ही शाही फौजों की कमान और देहली व आगरे के सूबों का इन्तजाम भी महाराजा सिंधिया को सौंप दिया गया। महादजी सिंधिया ने आगरा एवं अलीगढ़ को भी अपने कब्जे में कर लिया। इस वक्त महादजी सिंधिया असल में हिन्दुस्तान के असली मालिक हो गये थे।

1785 ई. में महादजी सिंधिया ने अपनी वित्तीय स्थिति सुदृढ़ करने एवं राजपूताना के राजपूत शासकों पर अपना अधिकार जमाने के लिए लंबी सैन्य कार्यवाही की, किन्तु वे इसमें लगातार फंसते गये और सफलता भी उनके हाथ से जाती रही। इसी बीच दिल्ली में राजनैतिक परिस्थिति भी पूर्णतः पलट गयी। गुलाम कादिर ने अपने साथियों के साथ दिल्ली पर कब्जा कर लिया और 1788 ई. में शाहआलम को गद्दी से हटा दिया और अन्धा करवा दिया। महादजी सिंधिया ने इस विकट परिस्थिति में बड़े धैर्य से समय का लाभ उठाते हुए, 1788 ई. में गुलाम कादिर को परास्त कर मार डाला और शाह आलम को पुनः गद्दीसीन किया। अब महादजी सिंधिया एक शक्तिशाली शासक के रुप में पुनः स्थापित हो गये। महादजी सिंधिया इस समय उत्तर-भारत में निर्विवाद रुप से अपनी ताकत स्थापित कर चुके थे, अतः अब उन्होंने पेशवा के दरबार में अपनी स्थिति सुदृढ़ करने के लिए पूना की ओर कूच किया जहाँ उनका भव्य स्वागत् हुआ। पूना में 12 फरवरी 1794 ई. बनबाड़ी (पूना के पास) में उनकी मृत्यु हो गयी।

महादजी सिंधिया ग्वालियर रियासत के सच्चे सपूत एवं वास्तविक संस्थापक थे। सेना के आधुनिकीकरण से लेकर सेना के विदेशी फ्रांसीसियों से प्रशिक्षण की व्यवस्था करवाना एवं फ्रांसीसी अफसरों को सेना में उच्च पद देकर सैन्य क्षमता की बढ़ोत्तरी करना सभी कार्य, महादजी सिंधिया के तत्कालीन राजनैतिक सूझबूझ के परिचायक है। वे मराठा शक्ति के आधार स्तंभ के रुप में सिद्ध हुए, जो एक समय मुगल साम्राज्य के सर्वेसर्वा बन गये। 18 वीं सदी की भारतीय राजनीति में उन्होंने महत्वपूर्ण भूमिका निभायी।

6. दौलतराव सिंधिया (1794–1827 ई.)

1794 ई. में महादजी सिंधिया की मृत्यु के बाद, दौलतराव सिंधिया नये शासक के रुप में गद्दीसीन हुए। चूँकि महादजी सिंधिया के कोई पुत्र नहीं था, अतः दौलतराव को महादजी के दत्तक पुत्र के रुप में शासनाधिकारी बनाया गया था, यद्यपि दौलतराव सिंधिया को औपचारिक रुप से कभी दत्तक नहीं बनाया गया था। ये आनन्दराव के पुत्र थे, जो महादजी के भाई तुकोजी का पुत्र था।

दौलतराव सिंधिया को उत्तराधिकार के रुप में एक विस्तृत राज्य मिला था, जिसके साथ महादजी सिंधिया का "नाम एवं प्रसिद्धि" भी जुड़ी हुई थी। इसमें दो–तिहाई मालवा, कुछ इलाका सतलज और इलाहाबाद के मध्य का शामिल था। दौलतराव सिंधिया को सौभाग्य से फ्रांसीसीयों द्वारा पूर्ण प्रशिक्षित फौज मिली थी, जो अंग्रेजों से किसी भी रुप में कम न थी, किन्तु दौलतराव सिंधिया ने नितान्त अदूरदर्शिता का परिचय दिया और षड्यंत्रों–प्रतिषड्यंत्रों की लंबी श्रृंखला में फंस गया, जिससे न केवल सिंधिया राजवंश को अपितु मराठा–संघ को भारी नुकसान उठाना पड़ा।

दौलतराव सिंधिया को अपने लोगों द्वारा पैंदा की गयी समस्याओं से भी दो चार होना पड़ा। महादजी सिंधिया की विधवाओं से अल्पवयस्क 15 वर्षीय दौलतराव सिंधिया को षड्यंत्रों और बुरे वर्ताव का भी सामना करना पड़ा। एक लंबे संघर्ष के बाद सरजेराव, जो षड़यंत्रों को हवा दे रहा था, गिरफ्तार किया गया। दक्षिण में बालोबा तांतिया ने बड़ी सूझबूझ का परिचय देते हुए बाइयों के साथ सुलह कर मामले को पूर्णतः शांत कर दिया।

दौलतराव सिंधिया ने शासक रुप में सबसे पहला युद्ध कुडरला का लड़ा। युद्ध का कारण हैदराबाद के निजाम से बकाया चौथ की राशि वसूलना था। 12 मार्च 1794 ई. में कुडरला युद्ध में निजाम को हार का सामना करना पड़ा। दौलतराव सिंधिया के समय वेलेजली गवर्नर जनरल बनकर आया। वेलेजली ने 'शान्ति तथा निष्पक्षता की नीति' को छोड़कर युद्ध और केवल युद्ध की नीति को अपनाया। वह मराठा प्रदेशों को विजय कर लेना भारतीय जनता पर महान् अनुग्रह मानता था। इसी बीच दौलतराव सिंधिया के जीवन में 1798 ई. में

बैजाबाई ने कदम रखा। बैजाबाई, सरजेराव घाटके की पुत्री थी। मार्च 1798 ई. में बैजाबाई एवं दौलतराव की बड़ी धूमधाम से शादी हुई। इस विवाह के परिणाम बड़े दूरगामी निकले।

दौलतराव सिंधिया के लिए होल्कर ने गंभीर परिस्थितियों का निर्माण किया। वस्तुतः यह दौलतराव सिंधिया की कमजोर राजनैतिक एवं कूटनीतिक नीति के संचालन का परिचायक था। होल्कर ने सिंधिया के इलाके में भारी लूटमार की और वह सिंधिया की सेना को लगातार करारी शिकस्त देता जा रहा था। विवश होकर दौलतराव ने होल्कर पर आक्रमण किया और इंदौर को लूटा। होल्कर ने भागकर पूना में शरण ली। सिंधिया ने पूना पहुँचकर पेशवा के साथ मिलकर होल्कर से युद्ध किया, किन्तु दोनों की करारी हार हुई। पेशवा ने भागकर अंग्रेजों से बसीन की संधि कर ली, किन्तु यह सिंधिया को नागवार लगा और अंग्रेजो से भारी युद्ध के बाद करारी हार के पश्चात् 30 दिसम्बर 1803 ई. में सुरजी अर्जुनगाँव की संधि के लिए बाध्य होना पड़ा।

दौलतराव सिंधिया के लिए सुरजी अर्जुनगाँव की संधि बड़ी भारी पड़ी। उन्हें अपने राज्य के बहुत बड़े भाग से वंचित होना पड़ा। गंगा-जमुना के दोआब में फैला हुआ अपना सारा प्रदेश, बुन्देलखण्ड का क्षेत्र, गुजरात, अहमदनगर और गोदावरी तक फैला हुआ अजंता क्षेत्र अंग्रेजों को सौंपना पड़ा। संधि का प्रकाशन हस्ताक्षर के चार माह बाद हुआ और इसमें ग्वालियर के किले को अंग्रेजों को सौंपने को कहा गया था। दौलतराव ने कई पत्र गवर्नर को भेजे, किन्तु इससे कोई नतीजा नहीं निकला और अंग्रेजो ने किला हस्तगत कर लिया। दौलतराव सिंधिया को यह किला लॉर्ड कार्नवालिस के 1805 ई. में गवर्नर जनरल बनकर आने पर पुनः मिला। जब कार्नवालिस ने वेलेजली की आक्रामक नीति के स्थान पर शांतिपूर्व नीति का अवलंबन किया, जिसके फलस्वरुप 22 नवम्बर 1805 ई. की एक संधि के तहत् ग्वालियर और गोहद सिंधिया को लौटा दिए गए। दौलतराव सिंधिया के शासनकाल की एक महत्वपूर्ण घटना उज्जैन से राजधानी परिवर्तित करके लश्कर, ग्वालियर को 1810 ई. में राजधानी बनाना था।

दौलतराव सिंधिया के शासनकाल में लॉर्ड हेस्टिंग्ज (1813-1823 ई.) ने रियासत ग्वालियर एवं मराठा-संघ आदि के लिए गंभीर स्थिति पैदा की। लॉर्ड हेस्टिंग्ज वस्तुतः अंग्रेजी सर्वोच्चता को कायम करना चाहता था। लॉर्ड हेस्टिंग्ज ने मराठों के प्रभुत्व को समाप्त करने के लिए पिण्डारियों के विरुद्ध अभियान छेड़ा, इससे मराठों के प्रभुत्व को चुनौती मिली, अतएव दोनों दल युद्ध में खिंच आए। इस सुव्यवस्थित अभियान के कारण हेस्टिंग्ज ने पेशवा सहित मराठा संघ के अन्य सदस्यों के साथ 5 नवम्बर 1817 को दौलतराव सिंधिया को बहुत अपमानजनक संधियाँ करने के लिये बाध्य किया। विवश होकर पेशवा ने दासत्व का बंधन तोड़ने का एक अन्य प्रयत्न किया, जिसमें पेशवा सहित मराठा संघ के सभी सदस्य भिन्न-भिन्न स्थानों पर पराजित हुए और मराठा-संघ तथा पेशवा का प्रभुत्व सहित मराठा-सर्वोच्चता सदा-सदा के लिए समाप्त हो गयी और वे अंग्रेजी सर्वोच्चता के अधीन आ गये।

दौलतराव सिंधिया के शासनकाल में सांस्कृतिक कार्यों को बढ़ावा दिया गया। ग्वालियर में मोतियों के व्यापार को प्रोत्साहित किया गया। दौलतराव सिंधिया गले में मोतियों और जवाहरातों का कण्ठाहार पहने रहते थे। मोतियों से उनका बड़ा लगाव था, यहाँ तक कि "मोतीवाला" कहलाने पर वे बड़े गौरवान्वित महसूस करते थे। दौलतराव सिंधिया ने साहित्य एवं कलाओं को प्रोत्साहित किया। गोरखी राजवाड़ा का निर्माण उन्होंने करवाया तथा हिन्दी के मूर्धन्य कवि "पद्माकर" को राजकवि का पद प्रदान किया। 21 मार्च 1827 ई. को 48 वर्ष की आयु में दौलतराव सिंधिया की मृत्यु हो गयी।

7. जनकोजीराव सिंधिया (1827-1843 ई.)

दौलतराव सिंधिया को कोई पुत्र नहीं था, अतः मुकटराव सिंधिया को दूसरे परिवार से गोद लिया गया और 27 जून 1827 ई. में विधिवत, रस्मों-रिवाज से दत्तक लेने की प्रक्रिया संपन्न हुई। ग्यारह वर्षीय अल्पवयस्क मुकटराव (मुगटराव) "आलीजाह जनकोजीराव सिंधिया" की उपाधि से विभूषित होकर सिंहासन पर बैठे।

अल्पवयस्क महाराज को राजकार्य में सहायता देने के लिए

बैजाबाई को रीजेन्ट बनाया गया। बैजाबाई निहायत ही महात्वाकांक्षी एवं षड्यंत्रकारी महिला सिद्ध हुई, उसने अल्पवयस्क महाराज को न तो राजवंश के राजकुमारों की तरह शिक्षित-प्रशिक्षित होने दिया और न ही राजमर्मज्ञता के मर्म से परिचित होने दिया। बैजाबाई ने महाराजा पर अत्यधिक नियंत्रण स्थापित करने एवं राज्यशासन को अपनी मुट्ठी में बनाये रखने के लिए समस्त संभव प्रयत्न किये। अतः बैजाबाई एवं जनकोजी के मध्य द्वन्द्व होना अवश्यंभावी हो गया। इसी प्रक्रिया में जनकोजी ने अपने अधिकार, पद प्रतिष्ठा आदि के लिए अंग्रेजी रेजीडेन्ट महोदय एवं गवर्नर साहब के सामने अपनी स्थिति प्रगट की और अंग्रेजी हुकूमत ने उन्हें अपना समर्थन व्यक्त किया। बैजाबाई उज्जैन में रहने लगी। बैजाबाई के शासनकाल की समीक्षा करते हुए एक इतिहासकार कहता है कि उसका शासन दृढ़, उपयुक्त और न्यायोचित था। देश समृद्धशाली और विकासमान दिखाई देता था। वह एक उत्साही स्त्री थी और उसके काल में ग्वालियर का राजकाज उतनी ही दक्षता से किया जाता था, जितना किसी अन्य राज्य में। बैजाबाई बड़ी दानी प्रवृत्ति की कुशल शासक थी। उन्होंने अनेक तालाब, कुँओं, धर्मशालाओं का निर्माण कराया। जिसमें ग्वालियर का बैजाताल प्रमुख है।

जनकोजीराव सिंधिया को अपने शासनकाल में बड़ी गंभीर समस्याओं का सामना करना पड़ा। उनके दीवान मामा साहिब भी तत्कालीन परिस्थितियों का सही आंकलन नहीं कर पाये। स्थिति, जैसे मामा वैसे भान्जे। सेना का अनुशासन निम्नस्तर का हो गया था, दरबार के षड्यंत्रों, महाराजा की रैयत के तरफ से बेरुखी आदि का वर्णन तत्कालीन अंग्रेजी रेजीडेन्ट कर्नल स्लीमन ने किया है। जनकोजीराव सिंधिया के शासनकाल में अंग्रेज शासन एवं ग्वालियर रियासत के मध्य संबंध मधुर रहे। इसका प्रमुख कारण जनकोजी को अपनी गद्दी बचाये रखने के लिए हमेशा अंग्रेजों का समर्थन मिलते रहना और महाराजा का हमेशा अंग्रेजों के प्रतिपूर्ण सहयोगी बने रहना था। जब नेपाल एवं अफगानिस्तान के दूत सिंधिया दरबार से सहायता के लिए आये तो जनकोजी ने उन्हें रेजीडेन्ट के हवाले कर दिया। अंग्रेजों के ठगों के विरुद्ध अभियान में भी जनकोजी ने उन्हें पूर्ण समर्थन प्रदान

किया। 7 फरवरी 1843 ई को जनकोजी की मृत्यु हो गयी।

8. जयाजीराव सिंधिया (1843–1886 ई.)

जयाजीराव सिंधिया, जनकोजी के बाद शासक हुए। जयाजीराव का मूल नाम भागीरथराव था और वे दत्तक पुत्र के रुप में 'सिंधिया राजवंश' में आये थे, क्योंकि जनकोजीराव और ताराबाई के कोई पुत्र नहीं था। 1843 ई. में जयाजीराव की आयु मात्र 8 वर्ष थी। जयाजीराव के लिए सिंहासन फूलों की सय्या न होकर कांटों का ताज प्रमाणित हुआ। सिंधिया दरबार लगातार दुष्चक्रों एवं षड़यंत्रों का केन्द्र बनता जा रहा था। इससे जयाजीराव को अत्यधिक कष्टों का सामना करना पड़ा। दरबार में षड्यंत्रों के होने का एक प्रमुख कारण ताराबाई एवं जयाजीराव दोनों का अल्पायु का होना था।

जयाजीराव सिंधिया के नाबालिक होने के कारण मामा साहिब को रीजेन्ट नियुक्त किया गया। शीघ्र ही दरबार महात्वाकांक्षी प्रवृत्ति वाले लोगों के कारण षड्यंत्र का केन्द्र बनने लगा। ताराबाई ने राजवंश के गृह–नियंत्रक दादा खासगीवाले के साथ मिलकर मामा साहेब के विरुद्ध षड़यंत्र किया। षड़यंत्रकारियों की योजना इतनी गुप्त तथा नियोजित थी कि इसकी भनक किसी को नहीं लगी। बड़े योजनाबद्ध तरीके से मामा साहेब की पुत्री का विवाह जयाजीराव से करवा दिया गया और दो दिन बाद ही मामा साहेब को अपनी जान के लाले पड़ गये और उन्हें ग्वालियर से भागना पड़ा। ताराबाई रीजेन्ट एवं दादा खासगीवाले दीवान नियुक्त किये गये। इसके बावजूद भी दरबार में षड्यंत्र जारी रहे और सेना भी निरंकुश एवं सर्वशक्ति सम्पन्न होती जा रही थी। दादा साहेब ने स्थिति से निपटने के लिए अपनी सेना का ग्वालियर में एकत्रण कर दिया और अंग्रेजों से सहानुभूति रखने वाले अधिकारियों को सेना से निकाल दिया। इससे अंग्रेज अधिकारियों में प्रतिक्रिया होना स्वाभाविक थी। अंग्रेजो ने इससे राजनैतिक लाभ उठाने की कोशिश की।

अगस्त 1843 ई. में एलेनबरों ने सैन्य–रणनीतिक योजना का खाका तैयार कर ग्वालियर की ओर कूच किया। महारानी ने तत्परता से कार्यवाही करते हुए दादा खासगीवाले को रेजिडेण्ट को सौंप दिया।

एलेनबरों चाहता था कि ऐसी व्यवस्था हो जिससे भविष्य में शान्ति बनी रह सके। इस हेतु महारानी से आमने-सामने बैठकर सारे मसले तय करना चाहता था। ग्वालियर प्रदेश के 'हिगोंना' नामक स्थान पर 26 दिसम्बर 1843 ई. को मिलना निश्चित हुआ। किन्तु ग्वालियर के सेनानायक ने महारानी एवं राजकुमार को ग्वालियर नहीं छोड़ने दिया। फलतः 26 दिसम्बर को महाराजपुर में सिंधिया और अंग्रेजी फौजों का युद्ध हुआ, जिसमें अंग्रेज विजयी रहे। युद्ध में हार से सिंधिया की शक्ति नष्ट हो गई। उन्होंने अंग्रेजों की सारी शर्तें मान ली, जिसके अनुसार प्रशासन कौंसिल ऑफ रीजेन्सी को सौंप दिया गया, जिसे रेजिडेन्ट की सलाह से कार्य करना था। सैन्य-शक्ति को सीमित कर दिया गया। अंग्रेजी सेना के खर्च हेतु राजस्व क्षेत्र देना पड़ा। जनवरी 1853 ई. में जयाजीराव सिंधिया को प्रशासन की शक्तियाँ प्रदान की गई।

जयाजीराव सिंधिया के शासनकाल की प्रमुख घटना 1857 ई. की क्रान्ति थी। राजमाता विजयाराजे सिंधिया ने अपनी पुस्तक **राजपथ से लोकपथ पर** (प्रभात प्रकाशन, नई दिल्ली, 1997) में लिखा है कि 1857 ई. के स्वातंत्र्य समर में लक्ष्मीबाई की सेना ग्वालियर आयी, तब खून का एक कतरा भी नहीं बहा, क्योंकि जयाजीराव सिंधिया अपनी सम्पूर्ण सेना ग्वालियर में छोड़कर आगरा चले गये थे। ग्वालियर की सेना इतनी छोटी नही थी कि वह उनका सामना नहीं कर पाती। खजाना भी खाली नहीं था। ग्वालियर का कोषागार इतना भरा-पूरा था कि उससे एक लंबी लड़ाई बड़ी आसानी से लड़ी जा सकती थी। पर वह नहीं लड़े बल्कि खजाना और पूरी फौज रानी के लिये छोड़ दी। साथ ही, सिंधिया परिवार की महिलाओं एवं फौज के प्रमुख अधिकारियों और सरदारों को नरवर के किले में भेज दिया, ताकि रानी सम्पूर्ण सेना का अपने ढंग से इस्तेमाल कर सकें। नरवर राज्य के जागीरदार उस समय पूरी तरह से स्वतंत्रता सेनानी तात्या टोपे के साथ थे, फिर भी सिंधिया राजपरिवार की महिलाएँ और सैन्य अधिकारी वहां रहने क्यों आए? इसी तरह जब सिंधिया का खजाना उनके खजांची अमरचंद बाखिया ने लक्ष्मीबाई को सौंप दिया, तो अंग्रेजों ने यह जानने के लिये उससे पूछा कि उसने

किसके आदेश से खजाना रानी को सौंपा था? किन्तु उस स्वामीभक्त और बहादुर देशभक्त ने मुंह नहीं खोला। अमरचंद बाखिया (बाँठिया) को सराफा बाजार (लश्कर, ग्वालियर) में नीम के पेड़ से टाँगकर फाँसी दी गई और एक कठोर चेतावनी के रुप में उसका शरीर कई दिनों तक वहीं लटकाए रखा गया।

वास्तव में जयाजीराव सिंधिया ने परदे के पीछे रहकर स्वतंत्रता संग्राम सेनानियों की मद्द की और अप्रगट रुप से स्वतंत्रता संग्राम का समर्थन किया। जयाजीराव स्वतंत्रता सेनानियों के विरोधी होते तो क्यों अपनी सेना और कोषागार रानी को सौंपते और क्यों बांखिया इस रहस्य को रहस्य रहने देता? वह भी उसी पथ का अनुगामी बना जिस पथ पर चलकर अनेक स्वातंत्र्य सेनानी शहीद हुए। युद्धोपरांत अंग्रेजों ने 1857 ई. में अपनी खिलाफत करने वालों की जागीरें जब्त करने के फरमान जारी कर दिये थे। जयाजीराव ने अंग्रेजों को दिखाने के लिये ही वे जागीरें जब्त की थी, परंतु बाद में लौटा दी। इनमें श्योपुर तथा नरवर आदि की जागीरें शामिल थी। रानी लक्ष्मीबाई का दाह संस्कार जिस बाबा गंगादास की बगिया में किया गया था, उस आश्रम की जागीर भी अंग्रेजों ने जब्त करवा दी थी, किन्तु महाराज ने बाद में वह भी उन्हें लौटा दी। इस प्रकार जयाजीराव सिंधिया ने अप्रत्यक्ष रुप से प्रथम स्वतंत्रता संग्राम में अपना सहयोग प्रदान किया।

विद्रोह की समाप्ति पर अंग्रेजों ने ग्वालियर के किले पर कब्जा कर लिया और अंग्रेज सिपाही तैनात कर दिये गये, जिनके कब्जे में यह किला और मुरार की फौजी छावनी 1886 ई. तक बनी रही। 2 दिसम्बर 1885 ई. को लॉर्ड डफरिन ने ग्वालियर में दरबार लगाया। ग्वालियर का किला सिंधिया को दे दिया, किन्तु 24 फरवरी 1886 ई. को सिंधिया से 15 लाख रुपये की माँग किले की किले बंदी एवं ईमारतों पर हुए खर्च के रुप में ब्रिटिश सरकार को चुकाने के लिए की गयी।

जयाजीराव सिंधिया ने कला को अत्यधिक प्रोत्साहन दिया। उन्होंने वास्तुकला के क्षेत्र में कई उत्कृष्ट भवनों का निर्माण कराया। कंपू कोठी, जयविलास महल, जल बिहार, मोतीमहल आदि इसके

उदाहरण है। जयविलास महल 1861 से 1874 के मध्य 19 लाख रुपये की लागत से बना। इसका मुख्य डिजाइनकर्ता माइकल फिलोज था। 20 जून 1886 ई. को जयाजीराव सिंधिया की मृत्यु हो गयी।

9. माधवराव सिंधिया प्रथम (1886-1925 ई.)

माधवराव सिंधिया प्रथम, जिन्हें ग्वालियर रियासत की जनता प्यार से 'माधौ महाराज' भी कहती थी, का जन्म 20 अक्टूबर 1876 ई. को हुआ था। ये जयाजीराव एवं जीजाबाई के पुत्र थे। जयाजीराव के एक और पुत्र 'बलवन्तराव भैया साहब' थे। माधवराव सौम्य तथा स्वस्थ बालक थे और उनमें जन्मजात बौद्धिक तथा प्रभावशाली आचरण के गुण थे। सिंधिया परिवार में माधव का जन्म एक महत्वपूर्ण घटना थी, क्योंकि इनके पूर्व महादजी के पश्चात् सभी सिंधिया शासक दत्तक पुत्र थे। माधवराव के पदभार ग्रहण करने के बाद राज्य प्रबंधक के संपूर्ण पक्षों में उन्हें पारंगत करने के उद्देश्य से डॉ० कॉफ्ट (कॉफ्टे), राय बहादुर धर्मनारायण एवं अन्य सुयोग्य प्रशिक्षकों के निरीक्षण में उनकी शिक्षा-दीक्षा का प्रबंध किया गया।

माधवराव का राज्यभिषेक 1886 ई० में हुआ। जयाजीराव की मृत्यु (1886 ई०) के समय माधवराव 10 वर्ष के अल्पवयस्क बालक थे, अतः वयस्क होने तक शासन में उनकी सहायता हेतु एक 'कौंसिल ऑफ रेजीडेन्सी' का गठन किया गया। इस कौंसिल ऑफ रेजीडेन्सी ने माधवराव के वयस्क होने तक सफलतापूर्वक शासन में सहयोग प्रदान किया। 15 दिसम्बर 1894 ई. में 18 वर्ष की आयु में भारत सरकार के मध्य हिन्दुस्तान के एजेन्ट कर्नल डेविडवार के द्वारा महाराज को संपूर्ण राज्यभार सौंपा गया। इतिहास गवाह है कि राज्याभिषेक से लेकर अपने अंतिम दिनों तक उन्होंने अविराम परिश्रम कर ग्वालियर राज्य को प्रथम श्रेणी का राज्य बनाया।

माधवराव सिंधिया ने गद्दीसीन होने के बाद जबरदस्त प्रशासनिक क्षमता का परिचय दिया, जिससे ग्वालियर रियासत में महत्वपूर्ण तथ्यात्मक परिवर्तन देखने को आये। राज्य की बागडोर संभालने पर दीवान पद पर किसी की नियुक्ति नहीं की। इससे स्पष्ट था महाराज प्रशासन का संचालन स्वयं करना चाहते थे। दीवान के स्थान पर

महाराज ने 'सचिवालय' की स्थापना की और प्रमुख सचिव के पद पर 'माइकेल फिलोज' को नियुक्त किया। उनका कार्य सभी महत्वपूर्ण मामलों में अपनी टिप्पणी के साथ महाराज के पास आदेश के लिये भेजना होता था। माधवराव सिंधिया ने केन्द्रीय प्रशासन को चुस्त-दुरुस्त करने के लिए 'नौ विभागों' की स्थापना की। जिनके प्रमुखों को 'मेम्बर' कहा जाता था। इस प्रकार 9 मेम्बर की संयुक्त समिति को गवर्नमेन्ट ऑफ ग्वालियर अर्थात ग्वालियर महाराज की सरकार कहा जाता था। महाराज स्वयं प्रत्येक विभाग एवं सचिवालय की फाइलों का गहरायी से अध्ययन करते थे। इससे प्रशासनिक तबका सतर्क एवं चुस्त-दुरुस्त रहता था।

रियासत में जनता की स्थिति पता करने एवं जनकल्याण कार्यों को जनता तक सीधे पहुँचाने की भावना से प्रेरित होकर तथा प्रशासन का निरीक्षण करने के लिये महाराज ने व्यक्तिगत दौरों का व्यापक कार्यक्रम अपनाया। इससे उन्होंने सरकार एवं जनता के बीच सीधा संपर्क स्थापित कर लिया था। इस कारण ग्वालियर रियासत की जनता उन्हें बहुत चाहती थी। इस प्रकार उन्होंने प्रशासन को कुशल एवं संवेदनशील बनाया। कार्यकारिणी की प्रक्रिया जयाजीराव के शासनकाल से स्थापित थी। माधवराव सिंधिया ने इसमें कुशलता का समावेश किया। दिन-प्रतिदिन के कार्यो के लिये कार्यकारिणी में 'तीन सदस्यों' की एक लघु समिति होती थी, इसकी सप्ताह में तीन बार बैठक होती थी। प्रत्येक माह की 15 तारीख को इसके सदस्य बदल दिये जाते थे।

माधवराव सिंधिया के सुशासन, जिसका ऋणी आज का ग्वालियर का इतिहास जगत और देश का इतिहास जगत भी है वह था, होम डिपार्टमेन्ट के तहत "पुरातत्व विभाग" की स्थापना। पुरातत्व विभाग के निदेशक एम.बी. गर्दे के नेतृत्व में ग्वालियर रियासत की पुरासंपदा का जो अन्वेषण हुआ, उसका एक उदाहरण 'गुजरी महल संग्रहालय' है जिसमें अनेक दुर्लभ पुरासंपदा संरक्षित है।

माधवराव सिंधिया ने आधुनिक दृष्टिकोण अपनाते हुए रियासत में 'शिक्षा-व्यवस्था' पर व्यापक रुप से ध्यान दिया। 1897 ई. में 'सरदार स्कूल' (जिसे वर्तमान में द सिंधिया स्कूल के रुप में जाना

जाता है) की स्थापना की। जिसका उद्देश्य था प्रशासन के लिए कुशल प्रशासकों की प्राप्ति। माधवराव सिंधिया चाहते थे कि बालक पढ़-लिखकर योग्य बने और राज्य के कार्यो में सहायता करें। 1 जनवरी 1913 ई. को राज्य में 'शिक्षा संहिता' लागू की गयी। शिक्षा संहिता में शिक्षकों के प्रशिक्षण पर विशेष ध्यान दिया गया था। सन् 1919 तक लगभग 300 प्रशिक्षित शिक्षक-शिक्षिकाओं के साथ ही शिक्षा व्यय में वृद्धि हुई। सन् 1925 में शिक्षा हेतु 10 लाख रुपयों का प्रावधान किया गया।

माधवराव सिंधिया ने कई विदेशी यात्राएँ की। इन विदेशी यात्राओं के दौरान उन्होंने विदेश की कई शिक्षण संस्थाओं का दौरा भी किया था तथा विदेशी शिक्षा-प्रणाली को समझने का प्रयास किया। उनके इसी विद्यानुराग से प्रेरित होकर ऑक्सफोर्ड और एडिनबरो विश्वविद्यालयों ने उन्हें क्रमशः डी.सी.एल. एवं एल.एल.डी. की उपाधि प्रदान की थी।

माधवराव सिंधिया ने अपने शास काल में अनेक जनकल्याणकारी कार्य किये। सार्वजनिक संस्थाओं की ापना में एक महत्वपूर्ण कार्य जी.एल. रेलवे की स्थापना थी। रेल क्षत्र विस्तार के अंतर्गत ग्वालियर भिण्ड, ग्वालियर से श्योपुर ा ग्वालियर से शिवपुरी के रेलमार्गो ा विकसित करवाया। जिससे ग्वालियर रियासत के विभिन्न इलाके राजधानी के सीधे संपर्क में आये। इससे जनता का सीधा संपर्क आधुनिकता से हुआ। नये उद्योग विकसित होने में रेल काफी सहायक रही।

माधवराव सिंधिया ने कृषि एवं कृषकों की भलाई के कई उल्लेखनीय कार्य किये। उन्होंने कृषि की सिंचाई हेतु उत्कृष्ट एवं विकसित प्रणालियों की स्थापना की। राज्य की ओर से अनेक कुएँ, तालाब, बाँध तथा बंधियाएं बनवायी गयी। राज्य ने कुएँ खोदने एवं बांध बनाने के लिये धनराशि दी। 1905 ई. में ग्वालियर राज्य में एक पृथक सिंचाई विभाग की स्थापना हुई। 1906 ई. में मि. सिडनी प्रेस्टन ने ग्वालियर राज्य के सिंचाई-विभाग का कार्यभार संभाला और उन्होंने राज्य की सिंचाई संभावनाओं का व्यापक सर्वेक्षण किया। इस प्रकार उनके शासनकाल को सुदृढ़ीकरण और सुस्थिर प्रगति का काल

कहा जा सकता है। कई उद्योगों की स्थापना, उद्योगों और कुछ बृहद सिंचाई परियोजनाओं के कार्यान्वयन से रियासत में तीव्र आर्थिक प्रगति हुई।

माधवराव सिंधिया ने सर्वधर्मसंभाव की नीति का अवलंबन किया। उन्होंने अपनी विभिन्न धर्मावलंबी जनता के बीच कोई अंतर नहीं किया और शासन में बिना किसी भेदभाव के सभी धर्मों के लोगों की नियुक्ति की। महाराज ने सभी धर्मो के बीच एकता स्थापित करने के लिए फूलबाग में मंदिर, मस्जिद, गुरुद्वारा एवं चर्च का निर्माण कराया। राज्य की ओर से मुहर्रम एवं अन्य मुस्लिम त्यौहार मनाये जाते थे। सिंधिया शासकों की ओर से आज भी 'ताजिया' रखने की परंपरा हैं।

सिंधिया रियासत द्वारा प्रशासन में जनता की भागीदारी बढ़ाने के लिए अनेक प्रयास किये। सन् 1887 में लश्कर में पहली नगरपालिका की स्थापना की गयी थी। 1898-99 ई. में लश्कर नगरपालिका का पुनर्गठन किया और एक साधारण समिति का गठन किया, जिसमें 62 सदस्य थे। महाराजा ने प्रशासन का विकेन्द्रीकरण करते हुए सन् 1912 ई. में पंचायत बोर्ड स्थापित किए। इसके साथ ही महाराजा ने ग्रामवासियों को सस्ता, शीघ्र और सहज न्याय दिलाने के लिए 'न्याय पंचायतों' की स्थापना की। महाराज ने प्रशासन को और पारदर्शी बनाने एवं उसमें जनता की भागीदारी सुनिश्चित करने के लिए तथा प्रशासन में जनता की इच्छा को शामिल करने के लिए "मजलिस-ए-कानून" एवं "मजलिस-ए-आम" जैसी संस्थाओं का गठन किया। "मजलिस-ए-कानून" के गठन का उद्देश्य था, राज्य के लिये कानूनों के निर्माण प्रक्रिया में जनता के विभिन्न वर्गो को सम्मिलित करना। इसमें सरकारी तथा गैरसरकारी सदस्य मनोनीत किये जाते थे। मजलिस की अध्यक्षता स्वयं महाराज करते थे। "मजलिस-ए-आम" को प्रतिनिधिसभा का रुप दिया गया था। इसके लिये अप्रत्यक्ष निर्वाचन प्रणाली को अपनाया गया था। इस मजलिस की अध्यक्षता भी स्वयं महाराज करते थे। उक्त संस्थाओं के गठन के बारे में महाराज का दृष्टिकोण था कि गैरसरकारी सदस्य राज्य की अधिक महत्वपूर्ण सेवा कर सकते है। इससे राज्य का प्रशासन,

सुव्यवस्थित होगा और जनता समृद्धिशाली होगी।

माधवराव सिंधिया ने तत्कालीन राजनैतिक स्थिति का अवलोकन करते हुए अपने विवेक एवं बुद्धि से अंग्रेजों एवं स्वतंत्रता सैनानियों के बीच शानदार संयम एवं संतुलन का परिचय दिया। जो माँगे स्वतंत्रता सेनानी अंग्रेजी शासन के सामने रखते थे, उन्हें महाराज अपनी रियासत में पहले ही लागू कर देते थे। शासन में वे जनता को भागीदार बना ही चुके थे। उन्होंने कहा था "जनता माँगे उसके पहले ही जनता की माँग पूरा कर देना कुशल शासक का फर्ज है।" माधवराव सिंधिया, सिंधिया परिवार में अब तक के सबसे प्रगतिशील एवं आधुनिक विचारधारा का प्रतिनिधित्व करते थे। उनके कुशल प्रयासों से सिंधिया राजवंश को आम जनता में इतनी श्रद्धा एवं प्रसिद्धि मिली। उन्होंने अधिकारियों के मार्गदर्शन के लिए "दरबार-पालिसी" नामक विशाल ग्रंथ की रचना करवायी, जिसमें हर विभाग के कार्य संचालन के लिए दिशा-निर्देश थे।

• माधबराव सिंधिया ने कई यूरोपीय देशों की यात्राएँ की थी उनसे प्रभावित होकर ही रियासत में नवीन एवं आधुनिक संस्थाओं का निर्माण किया था। इंग्लैण्ड से लौटते हुए 6 जून 1925 ई0 में पेरिस में आपकी मृत्यु हो गयी।

10. जीवाजीराव सिंधिया (1925-1961 ई.)

जीवाजीराव सिंधिया, माधवराव सिंधिया प्रथम की मृत्यु के समय मात्र नौ वर्ष के नवयुबक थे अर्थात् उनका जन्म 1916 ई. में हुआ था। जीवाजीराव के वयस्क होने तक महारानी चिनकुराजे सिंधिया की अध्यक्षता में एक "कौंसिल ऑफ रीजेन्सी" का गठन किया गया। कौंसिल ऑफ रीजेन्सी ने लगभग 10 वर्षो तक राज्य के शासकीय कार्यो का नेतृत्व किया। माधवराव सिंधिया प्रथम कुशल शासक होने के साथ-साथ एक आदर्श पिता भी थे। उन्होंने जीवाजीराव की शिक्षा अंग्रेजी शिक्षकों के साथ-साथ स्थानीय शिक्षकों से भी करवायी। वहीं सन् 1934 ई. में जीवाजीराव ने ग्वालियर नगर के विक्टोरिया कॉलेज (महारानी लक्ष्मीबाई महाविद्यालय) में प्रवेश लेकर साधारण छात्रों के साथ भी शिक्षा ग्रहण की थी।

2 नवम्बर 1936 ई. में जीवाजीराव के वयस्क होने पर महारानी की अध्यक्षता वाली कौंसिल ऑफ रीजन्सी ने उन्हें सारे अधिकार सौंपते हुये महाराज की उपाधि प्रदान की। जीवाजीराव ने प्रशासनिक शक्तियों को हाथ में लेते ही अपने पिता माधवराव की नीतियों का पालन करते हुये जनसंपर्क की नीति को जारी रखा। 21 फरवरी 1941 ई. में जीवाजीराव सिंधिया का विवाह 'लेखा दिव्येश्वरी' जिन्हें 'विजयाराजे सिंधिया' नाम दिया गया से हुआ। ये नेपाल के राणा परिवार से संबंधित थी। विवाह ग्वालियर के कम्पू स्थित सरस्वती भवन में संपन्न हुआ था।

जीवाजीराव के राजगद्दी पर बैठने के बाद रियासत का इतिहास प्रशासनिक परिवर्तनों एवं राजनैतिक चेतना का इतिहास रहा है। महाराज ने समय की वास्तविकताओं को देखते हुए अनेक प्रशासनिक सुधार किये। उन्होंने 'मजलिस-ए-आम' और 'मजलिस-ए-कानून' के बदले एक द्विसदन विधानमण्डल 'प्रजा सभा' और 'सामंत सभा' (जिसे बाद में राजसभा नाम दिया गया) के गठन की घोषणा की। प्रजा सभा की सदस्यीय संख्या 85, जिसमें 50 सदस्य निर्वाचित (बाद में यह संस्था 90 कर दी गई, जिसमें 55 का निर्वाचन किया जाना था) और राजसभा में 40 सदस्य, जिनमें से 20 सदस्य निर्वाचित होने थे। दोनों सदनों के निर्वाचन की रीति प्रत्यक्ष होनी थी। इन सदनों को प्रश्न और अनुपूरक प्रश्न पूछने की, बजट पर चर्चा करने की और विधान का सूत्रपात करने की शक्ति दी गई। तथापि ये सुधार सितम्बर 1939 में द्वितीय विश्वयुद्ध के आरंभ हो जाने के कारण लागू नहीं किये जा सके और 1945 तक मजलिस-ए-आम और मजलिस-ए-कानून का कार्यकाल समय-समय पर बढ़ाया जाता रहा। अपनी प्रजा के कुछ गैर सरकारी व्यक्तियों को रियासत के प्रशासन से संबंद्ध करने की दृष्टि से महाराज ने तख्तमल जैन को 11 नवम्बर, 1940 से तीन वर्ष के लिये मंत्री के रुप में नियुक्त किया और उन्हें नवनिर्मित ग्रामकल्याण तथा स्थानीय शासन विभाग का प्रभारी बनाया। इससे स्पष्ट है कि महाराज अपनी जनता की शासन में व्यापक भागीदारी सुनिश्चित करना चाहते थे।

जीवाजीराव सिंधिया ने आधुनिक वास्वविकताओं को समझकर

प्रजा के कल्याण हेतु अनेक कार्यो का संपादन किया। ग्राम-सुधार, खादी भंडारों, कम्बल केन्द्रों एवं ग्राम-उद्योगों के संगठनों में शासन की पूरी मशीनरीरत् थी। कृषकों की उन्नति तथा हित के लिए सहकारी संस्थायें खोली जा रही थी तथा पंचवर्षीय प्रगति योजनाओं का सूत्रपात करने के लिए लखनऊ विश्वविद्यालय से देश के प्रसिद्ध अर्थशास्त्री डॉ0 राधाकुमुद मुकर्जी को ग्वालियर बुलाया गया था। यह 1942-45 का काल था, जबकि देश के अन्य भागों में पंचवर्षीय योजनाओं का नाम भी नहीं सुना गया था।

जीवाजीराव सिंधिया ने अनेक सामाजिक एवं शैक्षणिक कार्य किये। उन्होंने अनेक शैक्षणिक संस्थाओं के गठन में प्रत्यक्ष एवं अप्रत्यक्ष रुप से सहयोग प्रदान किया था। पद्माराजे कन्या विद्यालय, कमलाराजे कन्या महाविद्यालय, गजराराजा मेडीकल कॉलेज, माधव इंजीनियरिंग कॉलेज, सिंधिया स्कूल के आधुनिकीकरण, ग्वालियर में शारीरिक शिक्षा संस्थान आदि की स्थापना में महत्वपूर्ण भूमिका निभायी। जीवाजीराव सिंधिया, बनारस एवं विक्रम विश्वविद्यालय, उज्जैन के कुलपति भी निर्वाचित हुये थे।

1947 ई. में देश की आजादी के साथ ही उन्होंने ग्वालियर रियासत का विलय सहर्ष स्वतंत्र भारत देश में कर दिया। उन्होंने अनेक रियासतो को भारत में विलय के लिए प्रेरित किया। 1948 में दिल्ली में मध्य भारत के राजाओं का एक सम्मेलन हुआ, जिसमें यह निर्णय किया गया कि मध्य भारत की 25 रियासतों और संस्थाओं का निर्माण ग्वालियर, इन्दौर तथा मालवा, 'संयुक्त राज्य' नामक एक संघ के रुप में किया गया और उसे 'मध्य भारत' नाम दिया गया। इस संघ का राजप्रमुख ग्वालियर महाराज एवं वरिष्ठ उपराजप्रमुख इन्दौर के महाराज को बनाया गया। पाँच सौ से भी अधिक देशी रियासतों के विलय के समय भारत सरकार को चौहत्तर करोड़ रुपये की जो राशि प्राप्त हुई थी, उसमें से चौवन करोड़ रुपये अकेले महाराज सिंधिया के थे। शेष सभी रियासतों से मात्र बीस करोड़ रुपये ही प्राप्त हो सके। इसी कारण तत्कालीन गृहमंत्री सरदार वल्लभभाई पटेल ने महाराज के उस योगदान के प्रति आभार संसद में प्रगट किया था। 17 जुलाई 1961 ई. में जीवाजीराव सिंधिया की

मृत्यु समुद्रमहल बम्बई में हुई। लॉर्ड माउन्टबैटन ने उन्हें श्रद्धांजली देते हुए लिखा है कि "मैं जीवाजीराव को सन् 1921 ई. से जानता था जब कि वे छोटे से बालक थे और मैने हमेंशा उन्हें भारत में अपने पुराने मित्रों में से एक समझा। भारत का इतिहास जब निष्पक्ष दृष्टि से लिखा जायेगा, तब उनका नाम महान भारतीयों और सच्चे देशभक्तों की सूची में ऊँचे स्थान पर अंकित किया जायेगा।" तथा चक्रवर्ती राजगोपालाचार्य ने उन्हें श्रद्धांजली देते हुये लिखा कि "महाराज जीवाजीराव सिंधिया उन लोगों में से थे, जिन्होंने लोकतंत्रीय भारत के निर्माण के लिये अत्यन्त प्रसन्नता से अधिकार और सत्ता का परित्याग कर दिया।"

11. माधवराव सिंधिया द्वितीय (1945–2001 ई.)

माधवराव सिंधिया द्वितीय का जन्म 10 मार्च 1945 ई. को समुद्र महल, बम्बई (मुंबई), महाराष्ट्र में हुआ था। माधवराव सिंधिया, जीवाजीराव सिंधिया एवं विजयाराजे सिंधिया के एकमात्र पुत्र थे। माधवराव सिंधिया द्वितीय ग्वालियर की भूतपूर्व सिंधिया रियासत के ग्यारहवें शासक थे, माधवराव सिंधिया का राज्यारोहण राजमाता विजयाराजे सिंधिया के निर्देशन में 1966 ई. में ग्वालियर में संपन्न हुआ। माधवराव सिंधिया, ग्वालियर रियासत के अंतिम वंशज थे, जो ग्वालियर के *महाराजा* की उपाधि से विधिवत् विभूषित हो सके एवं जिन्हें *प्रिवीपर्स* मिल सका। क्योंकि, भारत सरकार ने 1971 में 26 वाँ संविधान संशोधन करके राजा - महाराजों के प्रिवीपर्स एवं विशेषाधिकार समाप्त कर दिये थे। माधवराव सिंधिया के बारे में विस्तृत विवरण पुस्तक में दिया जा रहा है।

12. ज्योतिरादित्य सिंधिया (2001– अब तक)

ज्योतिरादित्य, सिंधिया राजवंश के बारहवें वंशज (महाराज) है। ज्ञातव्य रहे कि ज्योतिरादित्य सिंधिया, महादजी सिंधिया (1761–1794 ई.) की सातवीं पीढ़ी का प्रतिनिधित्व करते हैं। आप माधवराव सिंधिया द्वितीय एवं माधवीराजे सिंधिया के एकमात्र पुत्र है। ज्योतिरादित्य का

जन्म 01 जनवरी 1971 को बम्बई (महाराष्ट्र) में हुआ था। ज्योतिरादित्य की बड़ी बहिन राजकुमारी चित्रांगदाराजे का जन्म 14 फरवरी 1967 ई0 को हुआ था। ज्योतिरादित्य का सिंधिया राजवंश की परंपराओं के अनुसार औपचारिक राज्याभिषेक बारहवें वंशज (महाराज) के रूप में अक्टूबर, 2001 में हुआ। राज्याभिषेक का कार्यक्रम शाही परंपराओं के अनुसार जयविलास महल के दरबार हॉल के प्रांगण में आयोजित हुआ। जिसमें 'सिंधिया रियासत' (ग्वालियर रियासत) से संबंधित पूर्व सरदारों एवं उनके वंशजों ने शाही परंपराओं के अनुसार नवोदित *महाराजा* का अभिवादन किया।

ज्योतिरादित्य सिंधिया की प्रारंभिक शिक्षा भारत में ही दून पब्लिक स्कूल में हुई। ज्योतिरादित्य सिंधिया की उच्च शिक्षा इंग्लैण्ड एवं अमेरिका में हुई। ज्योतिरादित्य सिंधिया ने एम.बी.ए., स्टेनफोर्ड यूनिवर्सिटी ग्रेज्युएट स्कूल ऑफ बिजनेस, बोस्टन, अमेरिका से एवं एम.ए. (इकॉनॉमिक्स), हार्वर्ड यूनिवर्सिटी कैम्ब्रिज, इंग्लैण्ड, साथ ही बी.ए. इकॉनॉमिक्स, जून 1993, कैम्ब्रिज से किया।

ज्योतिरादित्य सिंधिया का विवाह 11-12 दिसंबर 1994 ई. को बड़ौदा के गायकवाड़ राजघराने की राजकुमारी प्रियंकाराजे, जिन्हें अब प्रियदर्शीराजे सिंधिया कहते है, से हुई। ज्योतिरादित्य के एक पुत्र महाआर्यमण एवं पुत्री अनन्या हैं।

ज्योतिरादित्य सिंधिया अनेक क्षेत्रों में सक्रिय है, वे अनेक कल्याणकारी एवं समाजसेवी कार्यों में संलग्न है—

चेयरमैन

ज्योतिरादित्य सिंधिया, सिंधिया परिवार के अनेक ट्रस्टों के चेयरमैन है। जिनके माध्यम से जन सेवा के महत्वपूर्ण कार्यों को अंजाम दिया जाता है। जिनमें प्रमुख है, सिंधिया फिजीकल एंड स्पोर्टस एजुकेशन ट्रस्ट, ग्वालियर, सिंधिया रुरल डेवलपमेंट एंड वेलफेयर ट्रस्ट, ग्वालियर, किंग एडवर्ड मेमोरियल ट्रस्ट, अम्मा महाराज छत्री ट्रस्ट, शिवपुरी, संख्याराजे सदावर्त धर्मशाला ट्रस्ट, उज्जैन, छोलाना महाराज छत्री ट्रस्ट, भिण्ड, समुद्र महल ट्रस्ट, बॉम्बे, महाराज

सर जीवाजीराव ट्रस्ट, बॉम्बे, श्री कृष्ण माधव ट्रस्ट, बॉम्बे, सिंधिया देवस्थान ट्रस्ट, ग्वालियर, हर हाईनेस मातोश्री महारानी गजराराजा, ग्वालियर, सिंधिया चेरिटेबल पब्लिक ट्रस्ट, ग्वालियर, बेनेवोलेन्ट फंड ट्रस्ट आदि।

अध्यक्ष एवं बोर्ड ऑफ गवर्नर्स

ज्योतिरादित्य सिंधिया, अनेक शैक्षणिक एवं खेल संस्थाओं के अध्यक्ष एवं बोर्ड ऑफ गवर्नर्स में है। सिंधिया स्कूल फोर्ट, ग्वालियर, माधव इंस्टीट्यूट ऑफ टेक्नोलॉजी एंड साइंस, ग्वालियर, सम्राट अशोक तकनीकी संस्थान, विदिशा, म. प्र. क्रिकेट एसोसियेशन आदि के अध्यक्ष एवं सिंधिया कन्या विद्यालय, ग्वालियर, ए.एम.आई. शिशु मन्दिर, ग्वालियर के बोर्ड ऑफ गवर्नर्स के सदस्य है।

ट्रस्टों के सदस्य

ज्योतिरादित्य सिंधिया, सिंधिया परिवार के अनेक ट्रस्टों के सदस्य है। रानी ऊषा राजे चेरिटेबल ट्रस्ट, रंग महल चेरिटेबल ट्रस्ट, गोरखी चेरिटेबल ट्रस्ट, मन्नू राजे चेरिटेबल ट्रस्ट, महादजी चेरिटेबल ट्रस्ट, जयविलास चेरिटेबल ट्रस्ट, ज्योतिरादित्य चेरिटेबल ट्रस्ट, कमलाराजे चेरिटेबल ट्रस्ट, पद्मा राजे चेरिटेबल ट्रस्ट, मन्नू महल चेरिटेबल ट्रस्ट, वसुंधरा राजे चेरिटेबल ट्रस्ट, यशोधरा राजे चेरिटेबल ट्रस्ट, जनकाजीराव चेरिटेबल ट्रस्ट, जयाजीराव चेरिटेबल ट्रस्ट, चिन्कू राजे चेरिटेबल ट्रस्ट, गंगाजली फंड ट्रस्ट, भोपाल आदि ट्रस्टों के सदस्य है।

रुचियां

ज्योतिरादित्य सिंधिया बहुमुखी प्रतिभा के धनी व्यक्ति है। वे अपने व्यस्त समय में से अपनी रुचियों के लिए समय निकाल ही लेते है। उन्हें ड्रायविंग करना, हवाई जहाज उड़ाना, घुड़सवारी करना, किताबें पढ़ना, तैराकी करना, निशानेबाजी करना आदि पसंद है।

वित्तीय प्रबंधक

ज्योतिरादित्य सिंधिया एक जाने माने अर्थशास्त्री है। उन्होंने आर्थिक प्रबंधन में विश्व स्तरीय उच्च शिक्षा प्राप्त की है। एक आर्थिक प्रबंधक के रूप में उन्होंने अपने अनुभव से कई राष्ट्रीय एवं अंतर्राष्ट्रीय वित्तीय संस्थाओं को लाभान्वित किया है। उन्होंने सन् 2000 में रजा फाउंड्री इनकॉरपोरेशन - इंक्यूबेटर इंडस्ट्री पर विश्लेषण प्रस्तुत किया। सन् 2000 में जीओटच एवं सन् 1997 - 1999 तक गरवारे पेट्रोकेम लि. मुंबई - पूंजी निवेश रणनीति एवं एकीकृत योजना निर्धारण में सहयोग प्रदान किया। सन् 1994-96 मोर्गन स्टेनली एशिया लि. हांगकांग - वित्तीय विश्लेषक के रूप में अपनी सेवायें दीं। सन् 1991 मेरिल लिंच, लॉस एंजलिस, यू.एस. ए. को वित्तीय विश्लेषक के रूप में अपनी सेवायें दीं। सन् 1997 से सिंधिया इन्वेस्टमेंट प्रा. लिमिटेड, मुंबई का वित्तीय प्रबंधन का कार्य देख रहे है।

राजनैतिक जीवन

ज्योतिरादित्य सिंधिया ने राजनीति में प्रवेश जनसेवा की भावना से प्रेरित होकर किया। पिता माधवराव सिंधिया के चुनाव प्रचारों में 1984 से ही सक्रिय रूप से भाग लेने के कारण ज्योतिरादित्य सिंधिया क्षेत्रीय राजनीति से परिचित हो गये थे। वैसे से भी एक राज परिवार से संबंधित होने के कारण राजनीति उनके लिए कोई नई चीज नहीं थी। पिता माधवराव सिंधिया की 30 सितम्बर 2001 को मृत्यु के बाद पारिवारिक राजनैतिक विरासत को ज्योतिरादित्य ने बड़ी ही कुशलता से संभाला। ज्योतिरादित्य ने सन् 2002 में काँग्रेस की विधिवत् सदस्यता ग्रहण की तथा अपने परिवार की परंपरागत सीट गुना संसदीय क्षेत्र में फरवरी 2002 में हुए उपचुनाव में 4,60,000 वोटों से विजय प्राप्त की। 14 वीं लोकसभा के लिए सन् 2004 में हुए चुनाव में लगातार दूसरी बार गुना संसदीय क्षेत्र से विजय प्राप्त

की। वर्तमान में वे 15 वीं लोकसभा में 2009 में विजय प्राप्त कर गुना संसदीय क्षेत्र से सांसद है। ज्योतिरादित्य सिंधिया ने सर्वप्रथम 6 अप्रैल 2008 को डॉ० मनमोहन सिंह जी के केन्द्रीय मंत्रिमण्डल में *सूचना प्रौद्योगिकी एवं संचार राज्यमंत्री* के रुप में कार्यभार ग्रहण किया। डॉ० मनमोहन सिंह जी के केन्द्रीय मंत्रिमण्डल में दूसरी बार, मई 2009 को *व्यापार एवं उद्योग राज्यमंत्री* के रुप में कार्यभार ग्रहण किया।

ज्योतिरादित्य सिंधिया समकालीन राजनीतिक क्षितिज पर उदीयमान अपने आयु वर्ग के राजनेताओं की अपेक्षा सर्वाधिक आकर्षक, प्रभावशाली एवं बेमिशाल कार्य प्रणाली के धनी व्यक्ति है। जनहित एवं जनकल्याण का मूलमंत्र लेकर राजनीति में उतरे ज्योतिरादित्य सिंधिया ने आशा की नई ज्योति जलाई है। उन्होंने अपनी छवि को एक सर्वमान्य एवं सर्वस्वीकार्य नेता के रूप में प्रस्तुत किया है। साथ ही, राष्ट्रीय एवं अंतर्राष्ट्रीय मुद्दों पर ठोस, परिपक्व एवं स्पष्ट समझ के कारण वे एक राजनेता के अतिरिक्त उच्च एवं विशिष्ट राजमर्मज्ञ की शख्सियत बनकर उभरे है। ज्योतिरादित्य सिंधिया, हॉवर्ड एवं स्टेनफोर्ड विश्वविद्यालयों से उच्च शिक्षित है, वे युवा है, उनके पास विजन है। वे देश एवं समाज के विकास का खाका तैयार करने में सक्षम हैं। वे आर्थिक विश्लेषणों में अत्यधिक दक्ष है, उन्होंने संयुक्त राष्ट्र को भी अपनी सेवाएँ दी है। देश को उनसे बहुत आशाएँ है।

विकास कार्य :

विकास एवं प्रगति के लिए कार्य करना सिंधिया परिवार की कुल परंपरा रही है। 2002 में सांसद बनने के बाद ज्योतिरादित्य सिंधिया ने संसदीय क्षेत्र में अनेक विकास कार्यो को अंजाम दिया है, जिनका संक्षिप्त विवरण निम्नानुसार है :-

गुना-शिवपुरी संसदीय क्षेत्र में कराये गये विकास कार्यों की सूची

क्रम.कार्य विवरण	लागत (लाख रु.)	स्थान	संबंधित विभाग
A रेलवे			
1. रेलवे कम्प्यूटरीकरण - शिवपुरी		0.0	शिवपुरी रेलवे स्टेशन रेल मंत्रालय
2. शिवपुरी स्टेशन और सड़क सुधार कार्य		50.00	शिवपुरी रेल मंत्रालय
3. रेलवे कम्प्यूटरीकरण - गुना		0.0	गुना रेलवे स्टेशन रेल मंत्रालय
4. ग्वालियर-गुना शटल		0.0	गुना-शिवपुरी रेल मंत्रालय
5. मुंगावली प्लेटफॉर्म और पैदल पुल		30.00	मुँगावली रेल मंत्रालय
6. गुना आदर्श स्टेशन		50.00	गुना रेल मंत्रालय
7. गुना-बीना शटल (स्थायी, दिन में 2 बार)		0.0	गुना,अशोकनगर, मुँगावली रेल मंत्रालय
8. पिपरई - क्रासिंग निर्माण कार्य		49.41	मुँगावली रेल मंत्रालय
9. रेलवे ओव्हरब्रिज - गुना		31.53	गुना रेल मंत्रालय
10. गुना-बीना रेलवे स्टेशन विद्युतीकरण		17500.00	गुना, अशोकनगर, मुँगावली रेल मंत्रालय
Total (A)		**17710.93**	
	किमी.		

B सड़क

11.	ईसागढ़–चन्देरी–दयालपुर सड़क मार्ग	1.60	34.25	अशोकनगर	ग्रामीण विकास मंत्रालय – (प्रधानमंत्री ग्रामीण सड़क योजना)
12.	अशोकनगर सड़क .– राइतल्ला सड़क	1.5	35.00	अशोकनगर	ग्रामीण विकास मंत्रालय – (प्रधानमंत्री ग्रामीण सड़क योजना)
13.	अशोकनगर सड़क – फुटेरा सड़क	2.50	51.00	अशोकनगर	ग्रामीण विकास मंत्रालय – (प्रधानमंत्री ग्रामीण सड़क योजना)
14.	अशोकनगर सड़क – महाना सड़क	2.20	52.00	अशोकनगर	ग्रामीण विकास मंत्रालय – (प्रधानमंत्री ग्रामीण सड़क योजना)
15.	शिलान्यास अशोकनगर–विदिशा–बरखेड़ालाल मार्ग	2.50	53.00	अशोकनगर	ग्रामीण विकास मंत्रालय – (प्रधानमंत्री ग्रामीण सड़क योजना)
16.	अशोकनगर–तुलसी सरोवर–आंवरी सड़क	2.35	58.00	अशोकनगर	ग्रामीण विकास मंत्रालय – (प्रधानमंत्री ग्रामीण

					सड़क योजना)
17.	पिपरई सड़क – नारायणपुर सड़क	2.60	63.00	अशोकनगर	ग्रामीण विकास मंत्रालय – (प्रधानमंत्री ग्रामीण सड़क योजना)
18.	विजयपुरा–नई सरांय–सांदोह सड़क	3.60	77.67	अशोकनगर	ग्रामीण विकास मंत्रालय – (प्रधानमंत्री ग्रामीण सड़क योजना)
19.	अशोकनगर सडक – देरखा सड़क	4.00	80.00	अशोकनगर	ग्रामीण विकास मंत्रालय – (प्रधानमंत्री ग्रामीण सड़क योजना)
20.	ईसागढ़ (इन्दार सड़क) – अनघौरादीवान सड़क	4.05	82.00	अशोकनगर	ग्रामीण विकास मंत्रालय – (प्रधानमंत्री ग्रामीण सड़क योजना)
21.	शिलान्यास देरखा–किरोन्दा सड़क मार्ग	4.7	110.00	अशोकनगर	ग्रामीण विकास मंत्रालय – (प्रधानमंत्री ग्रामीण सड़क योजना)
22.	गुना–अशोकनगर–वायंगा–दियाधारी सड़क मार्ग	5.5	113.00	अशोकनगर	ग्रामीण विकास मंत्रालय – (प्रधानमंत्री ग्रामीण सड़क योजना)

23.	पिपरई सड़क–बक्सनपुर–रैंहटावास सड़क मार्ग	6.00	133.00	अशोकनगर	ग्रामीण विकास मंत्रालय – (प्रधानमंत्री ग्रामीण सड़क योजना)
24.	अखाईखेड़ा–बीलाखेड़ा सड़क मार्ग	3.15	57.00	अशोकनगर	ग्रामीण विकास मंत्रालय – (प्रधानमंत्री ग्रामीण सड़क योजना)
25.	अशोकनगर–थूबौनजी सड़क मार्ग	26.6	337.54	अशोकनगर	ग्रामीण विकास मंत्रालय – (प्रधानमंत्री ग्रामीण सड़क योजना)
26.	शिलान्यास अशोकनगर–विदिशा–सिंघाड़ा सड़क मार्ग	11.0	385.00	अशोकनगर	ग्रामीण विकास मंत्रालय – (प्रधानमंत्री ग्रामीण सड़क योजना)
27.	शिलान्यास ईसागढ़ – कदवाया सड़क मार्ग	15.00	400.00	अशोकनगर	भूतल परिवहन मंत्रालय – (केन्द्रीय सड़क निधि)
28.	शिलान्यास डुंगासरा सड़क मार्ग	1.60	25.18	गुना	ग्रामीण विकास मंत्रालय – (प्रधानमंत्री ग्रामीण सड़क योजना)
29.	महूखान से मावन सड़क मार्ग	11.00	401.81	गुना	भूतल परिवहन मंत्रालय

	निर्माण कार्य (म्याना नई सरांय सड़क से मावन रोड़ वाया खोंकर सड़क)				– (केन्द्रीय सड़क निधि). 2007–08/146)
30.	बाय-पास सड़क का निर्माण कार्य (46 + 19) Negative Grant	13.00	4600.00	गुना	भूतल परिवहन मंत्रालय
31.	शिलान्यास भौंरा मस्जिद सड़क(वार्ड 16)	0.40	10.00	गुना	सांसद निधि
32.	गुना- अशोकनगर सड़क, ओवर हैड टैंक	2.40	12.07	गुना सिटी	भूतल परिवहन मंत्रालय EI Roads
33.	ए.बी. रोड़-रजिस्ट्रार ऑफिस से नेहरु पार्क तक	3.20	16.09	गुना सिटी	भूतल परिवहन मंत्रालय EI Roads
34.	गुना-अशोकनगर से एस.पी. बंगला	4.25	21.37	गुना सिटी	भूतल परिवहन मंत्रालय l :EI Roads
35.	सिंधिया मार्ग से सर्किट हाऊस	4.35	21.88	गुना सिटी	भूतल परिवहन मंत्रालय EI Roads
36.	ओवर हैड टैंक से पुराना S.P. ऑफिस	6.70	33.70	गुना सिटी	भूतल परिवहन मंत्रालय EI Roads
37.	गुना-अशोकनगर से परेड़ मैदान तक	8.10	40.74	गुना सिटी	भूतल परिवहन मंत्रालय EI Roads
38.	गुना-अशोकनगर से एयर स्ट्रिप	9.00	45.27	गुना सिटी	भूतल परिवहन मंत्रालय EI Roads

39.	हनुमान चौराहा से कैन्ट गुना	1.60	80.48	गुना सिटी	भूतल परिवहन मंत्रालय EI Roads
40.	रेलवे ओवर ब्रिज डायवर्सन से गुना–आरोन ए.बी. रोड़	19.20	96.57	गुना सिटी	भूतल परिवहन मंत्रालय EI Roads
41.	गुना शहर में 10 सड़कों का जीर्णोद्धार कार्य	0.0	499.00	गुना सिटी	भूतल परिवहन मंत्रालय EI Roads
42.	गुना–बमोरी सड़क मार्ग का उद्‌घाटन	1.80	15.57	गुना	ग्रामीण विकास मंत्रालय – (प्रधानमंत्री ग्रामीण सड़क योजना)
43.	गुना आरोन रोड़ से विनायकखेड़ी सड़क मार्ग का उद्‌धाटन	1.15	21.38	गुना	ग्रामीण विकास मंत्रालय – (प्रधानमंत्री ग्रामीण सड़क योजना)
44.	शिलान्यास पाटई–फतेहपुर सड़क मार्ग – (प्रधानमंत्री ग्रामीण सड़क योजना)	1.5	40.00	गुना	ग्रामीण विकास मंत्रालय
45.	गुना–आरोन सड़क मार्ग से मालपुर सड़क मार्ग का उद्‌घाटन	2.15	47.00	गुना	ग्रामीण विकास मंत्रालय – (प्रधानमंत्री ग्रामीण सड़क योजना)
46	गुना–सिरसी–सिंगरोद सड़क क[illegible]घाटन	3.72	54.34	गुना	ग्रामीण विकास मंत्रालय

					– (प्रधानमंत्री ग्रामीण सड़क योजना)
47	फतेहगढ़–गाढ़ोन–कलोरा सड़क मार्ग का शिलान्यास–	4.00	66.20	गुना	ग्रामीण विकास मंत्रालय (प्रधानमंत्री ग्रामीण सड़क योजना)
48.	गुना–पाड़ोन सड़क (SH-23)–बरबन	4.20	70.64	गुना	ग्रामीण विकास मंत्रालय – (प्रधानमंत्री ग्रामीण सड़क योजना)
49.	मोदरका–खैजरा बाबा सड़क मार्ग का शिलान्यास	5.50	98.00	गुना	ग्रामीण विकास मंत्रालय – (प्रधानमंत्री ग्रामीण सड़क योजना)
50.	बरखेड़ी – मसूदपुर सड़क मार्ग का उद्घाटन	6.13	100.80	गुना	ग्रामीण विकास मंत्रालय – (प्रधानमंत्री ग्रामीण सड़क योजना)
51.	खेराखाता–सोनखरा सड़क मार्ग का शिलान्यास	10.0	215.85	गुना	ग्रामीण विकास मंत्रालय – (प्रधानमंत्री ग्रामीण सड़क योजना)
52.	गुना–बमोरी सड़क मार्ग	12.90	242.73	गुना	ग्रामीण विकास मंत्रालय

	(O.D.R.) से परांठ				– (प्रधानमंत्री ग्रामीण सड़क योजना)
53.	गुना–पाड़ोन–गोरस सड़क	80.20	2600.50	गुना–बमोरी ब्लॉक	भूतल परिवहन मंत्रालय – (केन्द्रीय सड़क निधि)
54.	कोलारस भड़ौता सड़क से चन्दौरिया सड़क	1.30	28.70	कोलारस	ग्रामीण विकास मंत्रालय – (प्रधानमंत्री ग्रामीण सड़क योजना)
55.	मोहना सड़क – अमरपुर सड़क	2.13	34.99	कोलारस	ग्रामीण विकास मंत्रालय – (प्रधानमंत्री ग्रामीण सड़क योजना)
56.	ए.बी. रोड़ से अटलपुर सड़क	2.00	38.00	कोलारस	ग्रामीण विकास मंत्रालय – (प्रधानमंत्री ग्रामीण सड़क योजना)
57.	कोलारस कोटा से अमरपुर सड़क	1.85	41.21	कोलारस	ग्रामीण विकास मंत्रालय – (प्रधानमंत्री ग्रामीण सड़क योजना)
58.	कोटा रोड़ से चिलावट सड़क	3.23	53.03	कोलारस	ग्रामीण विकास मंत्रालय – (प्रधानमंत्री ग्रामीण सड़क योजना)

59.	ए.बी. रोड़ से मांगरोल सड़क का शिलान्यास	2.00	55.00	कोलारस	ग्रामीण विकास मंत्रालय – (प्रधानमंत्री ग्रामीण सड़क योजना)
60.	कुसुवन रोड़ से गुन्हासा सड़क	2.70	55.01	कोलारस	ग्रामीण विकास मंत्रालय – (प्रधानमंत्री ग्रामीण सड़क योजना)
61.	मोहारा सड़क मार्ग का शिलान्यास	3.50	63.26	कोलारस	ग्रामीण विकास मंत्रालय – (प्रधानमंत्री ग्रामीण सड़क योजना)
62.	ए.बी. रोड़ से खोंकर रोड	3.89	63.88	कोलारस	ग्रामीण विकास मंत्रालय – (प्रधानमंत्री ग्रामीण सड़क योजना)
63.	बरई से ए.बी. रोड़	3.60	65.58	कोलारस	ग्रामीण विकास मंत्रालय – (प्रधानमंत्री ग्रामीण सड़क योजना)
64.	पचावली रन्नौद सड़क से बामौरकलां सड़क	4.30	75.00	कोलारस	ग्रामीण विकास मंत्रालय – (प्रधानमंत्री ग्रामीण सड़क योजना)

65.	ए.बी. रोड़ से खोंकर रोड़ का शिलान्यास	4.40	77.80	कोलारस	ग्रामीण विकास मंत्रालय – (प्रधानमंत्री ग्रामीण सड़क योजना)
66.	ए.बी. रोड़ से अटरुनी सड़क मार्ग का शिलान्यास	4.50	82.00	कोलारस	ग्रामीण विकास मंत्रालय – (प्रधानमंत्री ग्रामीण सड़क योजना)
67.	ए.बी. रोड़ से अटरुनी सड़क	5.01	82.18	कोलारस	ग्रामीण विकास मंत्रालय – (प्रधानमंत्री ग्रामीण सड़क योजना)
68.	खतौरा से इन्दार सड़क	12.00	86.30	कोलारस	भूतल परिवहन मंत्रालय – (केन्द्रीय सड़क निधि)
69.	रन्नौद–पचावली–देहरदा सड़क मार्ग	7.50	100.00	कोलारस	ग्रामीण विकास मंत्रालय – (प्रधानमंत्री ग्रामीण सड़क योजना)
70.	पचावली–रन्नौद सड़क से अकोदा	6.10	106.00	कोलारस	ग्रामीण विकास मंत्रालय – (प्रधानमंत्री ग्रामीण सड़क योजना)
71.	देहरदा–ईसागढ़–कुसुवन सड़क	6.10	108.85	कोलारस	ग्रामीण विकास मंत्रालय

					– (प्रधानमंत्री ग्रामीण सड़क योजना)
72.	इमलावदी–बिनेका सड़क	6.63	126.00	कोलारस	ग्रामीण विकास मंत्रालय – (प्रधानमंत्री ग्रामीण सड़क योजना)
73.	अम्हेरा –रन्नौद (वाया मथना) सड़क मार्ग का जीर्णोद्धार कार्य	12.00	140.00	कोलारस	भूतल परिवहन मंत्रालय – (केन्द्रीय सड़क निधि)
74.	माढ़ा–इन्दार सड़क	12.50	154.65	कोलारस	ग्रामीण विकास मंत्रालय – (प्रधानमंत्री ग्रामीण सड़क योजना)
75.	बरई – चन्दौरिया सड़क मार्ग का शिलान्यास	6.00	155.00	कोलारस	ग्रामीण विकास मंत्रालय – (प्रधानमंत्री ग्रामीण सड़क योजना)
76.	देहरदा – ईसागढ़ – कुतवारा	10.60	195.37	कोलारस	भूतल परिवहन मंत्रालय – (केन्द्रीय सड़क निधि)
77.	छर्च रोड़ – महलोनी रोड़	5.80	224.07	कोलारस	ग्रामीण विकास मंत्रालय – (प्रधानमंत्री ग्रामीण सड़क योजना)

78.	रन्नौद - पचावली रोड़	23.00	253.97	कोलारस	भूतल परिवहन मंत्रालय - (केन्द्रीय सड़क निधि)
79.	खरई - पड़ोराडांग	7.30	232.00	कोलारस	ग्रामीण विकास मंत्रालय - (प्रधानमंत्री ग्रामीण सड़क योजना)
80.	ए.बी. रोड़ - बड़ोखरा रोड़	8.15	218.00	कोलारस-बदरवास	ग्रामीण विकास मंत्रालय - (प्रधानमंत्री ग्रामीण सड़क योजना)
81.	ए.बी. रोड़ - बामोर रोड़	2.60	44.00	कोलारस-बदरवास	ग्रामीण विकास मंत्रालय - (प्रधानमंत्री ग्रामीण सड़क योजना)
82	देहरदा ईसागढ़ - बारोद रोड़	3.60	56.00	कोलारस-बदरवास	ग्रामीण विकास मंत्रालय - (प्रधानमंत्री ग्रामीण सड़क योजना)
83.	रन्नौद रोड़ - बेड़मऊ रोड़	7.73	126.83	कोलारस-बदरवास	ग्रामीण विकास मंत्रालय - (प्रधानमंत्री ग्रामीण सड़क योजना)

84.	रन्नौद - डांग पीपरी	4.40	121.00	कोलारस–बद रवास	ग्रामीण विकास मंत्रालय – (प्रधानमंत्री ग्रामीण सड़क योजना)
85.	रन्नौद पच - ठटी रोड़	2.85	63.00	कोलारदस–बद रवास	ग्रामीण विकास मंत्रालय – (प्रधानमंत्री ग्रामीण सड़क योजना)
86.	बीजरी से धकोरा सड़क	7.00	160.00	कोलारस–बद रवास	ग्रामीण विकास मंत्रालय – (प्रधानमंत्री ग्रामीण सड़क योजना)
87.	पिछोर–चन्देरी–मुँगावली–विदिशा सड़क का निर्माण	82.00	2100.50	मुँगावली–चन्देरी, पिछोर वि.ख., जिला	भूतल परिवहन मंत्रालय – (केन्द्रीय सड़क निधि)
88.	चन्देरी पिछोर - पाण्डरी सड़क मार्ग	1.50	35.40	मुँगावली	ग्रामीण विकास मंत्रालय – (प्रधानमंत्री ग्रामीण सड़क योजना)
89.	नावनी - जारसल मार्ग का शिलान्यास	2.50	45.00	मुँगावली	ग्रामीण विकास मंत्रालय – (प्रधानमंत्री ग्रामीण सड़क योजना)

90.	चन्देरी राजघाट – खानपुर रोड़ का शिलान्यास	2.25	46.00	मुँगावली	ग्रामीण विकास मंत्रालय – (प्रधानमंत्री ग्रामीण सड़क योजना)
91.	पिपरई – अशोकनगर रोड़ का शिलान्यास	3.10	54.00	मुँगावली	ग्रामीण विकास मंत्रालय – (प्रधानमंत्री ग्रामीण सड़क योजना)
92.	मुँगावली–बरवाह सड़क मार्ग का शिलान्यास	3.00	65.00	मुँगावली	ग्रामीण विकास मंत्रालय – (प्रधानमंत्री ग्रामीण सड़क योजना)
93.	बामौर – हुर्रा रोड़	2.50	65.00	मुँगावली	ग्रामीण विकास मंत्रालय – (प्रधानमंत्री ग्रामीण सड़क योजना)
94.	विक्रमपुर – सौंतेर मार्ग का शिलान्यास	3.15	70.00	मुँगावली	ग्रामीण विकास मंत्रालय – (प्रधानमंत्री ग्रामीण सड़क योजना)
95.	मुँगावली–ओंडेर–गोरा–बहादुरपुर–बर्री	4.25	80.25	मुँगावली	ग्रामीण विकास मंत्रालय – (प्रधानमंत्री ग्रामीण सड़क योजना)

96.	चन्देरी – मुँगावली – पठारी सड़क का शिलान्यास	4.00	84.00	मुँगावली	ग्रामीण विकास मंत्रालय – (प्रधानमंत्री ग्रामीण सड़क योजना)
97.	मुँगावली – सेहराई – अमनाचार सड़क का शिलान्यास	3.70	85.00	मुँगावली	ग्रामीण विकास मंत्रालय – (प्रधानमंत्री ग्रामीण सड़क योजना)
98.	मुँगावली – नावनी रोड़	6.00	88.00	मुँगावली	ग्रामीण विकास मंत्रालय – (प्रधानमंत्री ग्रामीण सड़क योजना)
99.	नानकपुर – हिरवन रोड़	5.00	95.00	मुँगावली	ग्रामीण विकास मंत्रालय – (प्रधानमंत्री ग्रामीण सड़क योजना)
100	मुँगावली – चन्देरी सड़क मार्ग का उद्‌घाटन	5.82	97.63	मुँगावली	ग्रामीण विकास मंत्रालय – (प्रधानमंत्री ग्रामीण सड़क योजना)
101	मुँगावली – ओंडेर – टीला रोड़	4.45	99.83	मुँगावली	ग्रामीण विकास मंत्रालय – (प्रधानमंत्री ग्रामीण सड़क योजना)

102.	ईसागढ़ चन्देरी मार्ग से बकलपुर रोड़	4.10	103.00	मुँगावली	ग्रामीण विकास मंत्रालय – (प्रधानमंत्री ग्रामीण सड़क योजना)
103.	अमरोद पहुँच मार्ग का उद्घाटन	6.60	134.96	मुँगावली	ग्रामीण विकास मंत्रालय – (प्रधानमंत्री ग्रामीण सड़क योजना)
104.	चन्देरी–मुँगावली–जामखेड़ी सड़क मार्ग का शिलान्यास	6.35	160.00	मुँगावली	ग्रामीण विकास मंत्रालय – (प्रधानमंत्री ग्रामीण सड़क योजना)
105.	मुँगावली– गरेंठी–पिपरई रोड़	8.00	183.00	मुँगावल	ग्रामीण विकास मंत्रालय – (प्रधानमंत्री ग्रामीण सड़क योजना)
106.	मुँगावली–ओंडेर–गोरा बहुादरपुर रोड़	4.90	188.44	मुँगावली	ग्रामीण विकास मंत्रालय – (प्रधानमंत्री ग्रामीण सड़क योजना)
107.	विक्रमपुर – दुधराई सड़क मार्ग का शिलान्यास	8.20	210.00	मुँगावली	भूतल परिवहन मंत्रालय – (केन्द्रीय सड़क निधि)
108.	खुटिया बमोरी – बाबरोद घाट बमूरिया रोड़	20.00	553.12	मुँगावली	भूतल परिवहन मंत्रालय – (केन्द्रीय सड़क निधि)

109.	चन्देरी पिछोर – रेड़ी हिम्मतपुर रोड़ का शिलान्यास	0.70	14.00	पिछोर	ग्रामीण विकास मंत्रालय – (प्रधानमंत्री ग्रामीण सड़क योजना)
110.	सिरसौद पिछोर रोड़ से जारई रोड़	1.20	19.00	पिछोर	ग्रामीण विकास मंत्रालय – (प्रधानमंत्री ग्रामीण सड़क योजना)
111.	सिरसौद पिछोर रोड़ से ढल्ला रोड	3.00	20.03	पिछोर	ग्रामीण विकास मंत्रालय – (प्रधानमंत्री ग्रामीण सड़क योजना)
112.	गोरा टीला रोड़ से बाचरौन रोड़	1.00	22.80	पिछोर	ग्रामीण विकास मंत्रालय – (प्रधानमंत्री ग्रामीण सड़क योजना)
113.	भौंती – नदना सड़क मार्ग का शिलान्यास	1.20	23.21	पिछोर	ग्रामीण विकास मंत्रालय – (प्रधानमंत्री ग्रामीण सड़क योजना)
114.	T 04 रोड़ से रुपेपुर रोड़	1.66	27.31	पिछोर	ग्रामीण विकास मंत्रालय – (प्रधानमंत्री ग्रामीण सड़क योजना)

115.	खनियांधाना मायापुर रोड़ से पूरा रोड़	1.65	28.76	पिछोर	ग्रामीण विकास मंत्रालय – (प्रधानमंत्री ग्रामीण सड़क योजना)
116.	पिछोर रोड़ से पूरा रोड़	2.05	33.49	पिछोर	ग्रामीण विकास मंत्रालय – (प्रधानमंत्री ग्रामीण सड़क योजना)
117.	अकाझिरी रोड़ से गुरुकदवाया रोड़	2.33	38.30	पिछोर	ग्रामीण विकास मंत्रालय – (प्रधानमंत्री ग्रामीण सड़क योजना)
118.	रन्नौद पिछोर पिपरोदा उवारी रोड़–धपोरा रोड़	3.05	39.64	पिछोर	ग्रामीण विकास मंत्रालय
119.	पिछोर गोरा रोड़ – ककरौआठुनी रोड़	2.28	39.75	पिछोर	ग्रामीण विकास मंत्रालय
120.	दबियाकलां–सुजवाया सड़क मार्ग का शिलान्यास	2.00	41.40	पिछोर	ग्रामीण विकास मंत्रालय
121.	चन्देरी–पिछोर रोड़ से पाडरा रोड़	2.00	42.13	पिछोर	ग्रामीण विकास मंत्रालय
122.	बीरखेड़ा बुढ़ेरा से बूड़रा रोड़	2.00	48.00	पिछोर	ग्रामीण विकास मंत्रालय
123.	खिरकिट – बसाहर रोड़	3.10	52.37	पिछोर	ग्रामीण विकास मंत्रालय
124.	पिछोर गोरा से गणेशखेड़ा रोड़	3.00	52.66	पिछोर	ग्रामीण विकास मंत्रालय

125.	पिछोर-दिनारा-जुंगीपुरा-भितरगवां सड़क मार्ग का शिलान्यास	2.55	53.00	पिछोर	ग्रामीण विकास मंत्रालय
126.	सिरसौद-पिछोर रोड़ से गोछौनी रोड़	3.69	60.54	पिछोर	ग्रामीण विकास मंत्रालय
127.	दिनारा-पिछोर-गोछौनी रोड़	4.40	66.31	पिछोर	ग्रामीण विकास मंत्रालय
128.	सिरसौद पिछोर रोड़ से मुहार रोड़	5.20	71.36	पिछोर	ग्रामीण विकास मंत्रालय
129.	पटरा क्रॉसिंग रोड़ से शेरगढ़ रोड़	4.49	73.66	पिछोर	ग्रामीण विकास मंत्रालय
130.	पारेश्वर - निमघना सड़क मार्ग का शिलान्यास	3.80	78.00	पिछोर	ग्रामीण विकास मंत्रालय
131.	सिरसौद-पिछोर-चौमुंहा सड़क मार्ग का शिलान्यास	3.85	80.00	पिछोर	ग्रामीण विकास मंत्रालय
132.	चन्देरी पिछोर-काली पहाड़ी चाँद सड़क मार्ग का शिलान्यास	4.20	89.00	पिछोर	ग्रामीण विकास मंत्रालय
133.	रन्नौद पिछोर रोड़ से गुरुकदवाया रोड़	4.95	90.42	पिछोर	ग्रामीण विकास मंत्रालय
134.	दिनारा-पिछोर से सुजावनी रोड़	5.00	93.50	पिछोर	ग्रामीण विकास मंत्रालय
135.	रन्नौद पिछोर रोड़ से पायगा रोड़	5.87	96.31	पिछोर	ग्रामीण विकास मंत्रालय
136.	पिछोर सिरसौद रोड़ से भयावन रोड़	6.18	101.46	पिछोर	ग्रामीण विकास मंत्रालय
137.	रन्नौद पिछोर - पिपरोदा उवारी रोड़	7.60	119.23	पिछोर	ग्रामीण विकास मंत्रालय
138.	ए.बी. रोड़ से सखनोर रोड़	6.90	119.96	पिछोर	ग्रामीण विकास मंत्रालय

139.	भरसूला-दिदावली सड़क मार्ग का शिलान्यास	5.45	122.00	पिछोर	ग्रामीण विकास मंत्रालय
140.	कालीपहाड़ी चाँद - निबोदा सड़क मार्ग का शिलान्यास	5.10	125.00	पिछोर	ग्रामीण विकास मंत्रालय
141.	मानपुरा-आसपुर सड़क मार्ग का शिलान्यास	10.00	155.00	पिछोर	भूतल परिवहन मंत्रालय
142.	चन्देरी पिछोर रोड़ से पहाड़पुरा रोड़	8.10	163.00	पिछोर	ग्रामीण विकास मंत्रालय
143.	पिछोर-बड़ोरा सड़क मार्ग का शिलान्यास	9.55	169.18	पिछोर	ग्रामीण विकास मंत्रालय
144.	खनियांधाना-देवरी रोड़	10.36	169.98	पिछोर	ग्रामीण विकास मंत्रालय
145.	चन्देरी पिछोर रोड़ से खिरकिट रोड़	10.85	180.80	पिछोर	ग्रामीण विकास मंत्रालय
146.	गणेशखेड़ा - पिपरो रोड़	11.00	203.81	पिछोर	ग्रामीण विकास मंत्रालय
147.	खनियांधाना - बरखेड़ा रोड़	13.34	218.83	पिछोर	ग्रामीण विकास मंत्रालय
148.	खनियांधाना ईसागढ़ - पहाड़ाखुर्द रोड़	14.00	272.00	पिछोर	ग्रामीण विकास मंत्रालय
149.	खनियांधाना - ईसागढ़ सड़क मार्ग का चौड़ीकरण	28.00	412.23	पिछोर	भूतल परिवहन मंत्रालय
150.	रन्नौद-पिछोर-पीपलखेड़ा रोड़ (अमरपुर देबरा)	4.30	90.00	पिछोर	ग्रामीण विकास मंत्रालय

151.	अकाझिरी - मोहम्मदपुर रोड़	4.25	92.00	पिछोर	ग्रामीण विकास मंत्रालय
152.	रन्नौद-पिछोर-घिलोंदरा रोड़	3.36	68.00	पिछोर	ग्रामीण विकास मंत्रालय
153.	रन्नौद-पिछोर-बघरवारा रोड़	0.80	16.00	पिछोर	ग्रामीण विकास मंत्रालय
154.	रन्नौद-पिछोर-नगरेला रोड़	8.00	138.55	पिछोर	ग्रामीण विकास मंत्रालय
155.	करसेना रोड़ से इमलिया रोड़	1.03	16.86	पोहरी	ग्रामीण विकास मंत्रालय
156.	गोपालपुर रोड़ से खटका रोड़	1.24	20.29	पोहरी	ग्रामीण विकास मंत्रालय
157.	गापालपुर-खटका सड़क मार्ग का शिलान्यास	1.20	26.00	पोहरी	ग्रामीण विकास मंत्रालय
158.	शिवपुरी-श्योपुर-जाखनोद सड़क मार्ग का शिलान्यास	1.20	28.00	पोहरी	ग्रामीण विकास मंत्रालय
159.	सतनबाड़ा-नरवर-सकलपुर रोड़	1.00	31.00	पोहरी	ग्रामीण विकास मंत्रालय
160.	गोपालपुरा-पाड़रखेड़ा रोड़	2.27	37.17	पोहरी	ग्रामीण विकास मंत्रालय
161.	गोपालपुरा-पाड़रखैड़ा सड़क मार्ग का शिलान्यास	2.00	42.00	पोहरी	ग्रामीण विकास मंत्रालय
162.	खरवाई-झलवासा सड़क मार्ग का शिलान्यास	2.20	49.00	पोहरी	ग्रामीण विकास मंत्रालय
163.	बमरा रोड़ से बेढ़ारी रोड़	3.48	56.99	पोहरी	ग्रामीण विकास मंत्रालय
164.	ठर्रा सड़क मार्ग का उद्घाटन	2.80	58.28	पोहरी	ग्रामीण विकास मंत्रालय

165.	ग्राम मुंडेरी - गूंगरीपुरा	3.81	62.54	पोहरी	ग्रामीण विकास मंत्रालय
166.	ठेह डोंगर सड़क मार्ग का शिलान्यास	3.00	68.40	पोहरी	ग्रामीण विकास मंत्रालय
167.	एस.एस रोड़ - चकराना रोड़	4.18	68.56	पोहरी	ग्रामीण विकास मंत्रालय
168.	शिवपुरी-श्योपुर रोड़ से चकराना रोड़	4.80	70.00	पोहरी	ग्रामीण विकास मंत्रालय
169.	एस.एस. रोड़ से बछोरा रोड़	4.29	70.40	पोहरी	ग्रामीण विकास मंत्रालय
170.	मुढ़ेरी-गूंगरीपुरा सड़क मार्ग का शिलान्यास	4.00	72.00	पोहरी	ग्रामीण विकास मंत्रालय
171.	शिवपुरी श्योपुर रोड़ से बछोरा सड़क मार्ग का शिलान्यास	4.15	82.00	पोहरी	ग्रामीण विकास मंत्रालय
172.	झिरी खरई से ऐंचवाड़ा सड़क मार्ग का शिलान्यास	1.05	86.00	पोहरी	ग्रामीण विकास मंत्रालय
173.	छर्च रोड़ से दोभा रोड़	5.30	86.89	पोहरी	ग्रामीण विकास मंत्रालय
174.	बमरा रोड़ से सलोदा रोड़	5.55	91.04	पोहरी	ग्रामीण विकास मंत्रालय
175.	ए.बी. रोड़ से ऊँगर रोड़	5.73	93.90	पोहरी	ग्रामीण विकास मंत्रालय
176.	भानगढ़-करसेना रोड़	4.00	98.00	पोहरी	ग्रामीण विकास मंत्रालय
177.	खरई - बेरजा सड़क मार्ग का शिलान्यास	3.65	99.00	पोहरी	ग्रामीण विकास मंत्रालय
178.	पिछोर दिनारा रोड़ से बूसेर कलां रोड़	4.95	99.23	पोहरी	ग्रामीण विकास मंत्रालय

179.	ए.बी. रोड़ से डोंगर सड़क मार्ग का शिलान्यास	5.35	111.00	पोहरी	ग्रामीण विकास मंत्रालय
180.	मोहना पोहरी रोड़ से देवपुर रोड़	6.80	111.60	पोहरी	ग्रामीण विकास मंत्रालय
181.	खरई – अटवाई सड़क मार्ग का शिलान्यास	4.20	113.00	पोहरी	ग्रामीण विकास मंत्रालय
182.	मोहना पोहरी रोड़ से बरोद रोड़	5.70	114.33	पोहरी	ग्रामीण विकास मंत्रालय
183.	बमरा – सजोद सड़क मार्ग का शिलान्यास	6.00	115.00	पोहरी	ग्रामीण विकास मंत्रालय
184.	परीछा–बमरा सड़क मार्ग का शिलान्यास	6.00	117.97	पोहरी	ग्रामीण विकास मंत्रालय
185.	गलथनी रोड़ से खरवाया रोड़	7.38	121.04	पोहरी	ग्रामीण विकास मंत्रालय
186.	लोहादेवी–सलोदा–मायापुर–बेन्धारी–हरिनिवास– बमरा रायपुर–घाटई–बेसी–केरकई–परासरी–गथूनी–राजस्थान बॉर्डर	41.00	847.11	पोहरी	भूतल परिवहन मंत्रालय
187.	ए.बी. रोड़ से खुटियावद सड़क मार्ग का उद्घाटन	0.80	12.38	शाढ़ौरा	ग्रामीण विकास मंत्रालय
188.	गुना–अशोकनगर–पहाड़ा सड़क मार्ग का शिलान्यास	1.00	19.26	शाढ़ौरा	ग्रामीण विकास मंत्रालय

189.	रामपुर–पिपरिया काछी सड़क मार्ग का शिलान्यास	1.50	26.00	शाढ़ौरा	ग्रामीण विकास मंत्रालय
190.	नई सरांय–शाढ़ौरा–कंकड़ा सड़क मार्ग का लोकार्पण	2.00	41.70	शाढ़ौरा	ग्रामीण विकास मंत्रालय
191.	गुना–अशोकनगर–खेजरा अटारी सड़क मार्ग का शिलान्यास	2.50	54.00	शाढ़ौरा	ग्रामीण विकास मंत्रालय
192.	अशोकनगर–आरोन–भौंराकाछी सड़क मार्ग का शिलान्यास	2.60	58.00	शाढ़ौरा	ग्रामीण विकास मंत्रालय
193.	नई सरांय–शाढ़ौरा–रेंझा सड़क मार्ग का शिलान्यास	3.30	65.00	शाढ़ौरा	ग्रामीण विकास मंत्रालय
194.	गुना–अशोकनगर–पिपरिया सड़क मार्ग का लोकार्पण	4.00	69.51	शाढ़ौरा	ग्रामीण विकास मंत्रालय
195.	अशोकनगर–रसूलपुर–बरोदिया तूमैन रोड़	4.30	75.75	शाढ़ौरा	ग्रामीण विकास मंत्रालय
196.	जलालपुर–ककराई सड़क मार्ग का शिलान्यास	4.30	90.00	शाढ़ौरा	ग्रामीण विकास मंत्रालय
197.	नई सरांय – ज्ञानपुर सड़क मार्ग का शिलान्यास	4.90	102.00	शाढ़ौरा	ग्रामीण विकास मंत्रालय
198.	कचनार–अखाई टप्पा सड़क मार्ग का शिलान्यास	5.50	133.00	शाढ़ौरा	ग्रामीण विकास मंत्रालय

199.	राजपुर-बमौरा सड़क मार्ग का शिलान्यास	7.10	188.61	शाढ़ौरा	ग्रामीण विकास मंत्रालय
200.	म्याना-नई सरांय-मावन सड़क मार्ग का शिलान्यास	21.00	469.18	शाढ़ौरा	भूतल परिवहन मंत्रालय
201.	साध रोड़ - मुँगावली रोड़	1.38	22.23	शिवपुरी	ग्रामीण विकास मंत्रालय
202.	ए.बी. रोड़ से मोहराई सड़क मार्ग का शिलान्यास	1.40	31.68	शिवपुरी	ग्रामीण विकास मंत्रालय
203.	पिछोर-रन्नौद रोड़ से इमलिया रोड़	2.10	39.98	शिवपुरी	ग्रामीण विकास मंत्रालय
204.	शिवपुरी-श्योपुर सड़क मार्ग का शिलान्यास	2.80	58.28	शिवपुरी	ग्रामीण विकास मंत्रालय
205.	नरवर-चितोरी-अमोला रोड़	26.00	239.76	शिवपुरी	भूतल परिवहन मंत्रालय
206.	कुंअरपुर से बूढ़्दा सड़क मार्ग का निर्माण (वाया गहलोनी, जफरपुर,बलारपुर, पटेवरी, सिलपुरा डेंडारी, देवपुर, गुरीछा रोड़)	33.40	738.48	शिवपुरी	भूतल परिवहन मंत्रालय
207.	कोलारस-अमरोद (राजस्थान बॉर्डर) सड़क मार्ग का निर्माण (वाया राई, लेवा, गणेशखेड़ा, सोनपुर रोड़)	34.00	857.58	शिवपुरी	भूतल सड़क मंत्रालय

208.	महल वाउन्ड्री सड़क का जीर्णोद्धार	1.20	22.09	शिवपुरी शहर	भूतल परिवहन मंत्रालय. EI Roads
209.	फिजीकल रोड़ का जीर्णोद्धार	1.80	33.13	शिवपुरी शहर	भूतल परिवहन मंत्रालय. EI Roads
210.	दूल्हा सिंह रोड़ का जीर्णोद्धार	2.10	38.66	शिवपुरी शहर	भूतल परिवहन मंत्रालय. EI Roads
211.	रुबर्टसन रोड़	2.40	42.73	शिवपुरी शहर	भूतल परिवहन मंत्रालय. EI Roads
212.	श्रीमंत माधवराव सिंधिया सड़क मार्ग का जीर्णोद्धार	3.80	69.99	शिवपुरी शहर	भूतल परिवहन मंत्रालय. EI Roads
213.	सर्कुलर रोड़ का जीर्णोद्धार	4.20	77.32	शिवपुरी शहर	भूतल परिवहन मंत्रालय. EI Roads
214.	शिवपुरी–टोंगरापाली सड़क मार्ग का जीर्णोद्धार	16.70	309.28	शिवपुरी शहर	भूतल परिवहन मंत्रालय. EI Roads
215.	बड़ोरा रोड़ से टोड़ा पिछोर रोड़	0.60	17.46	शिवपुरी ग्रामीण	ग्रामीण विकास मंत्रालय
216.	झाँसी रोड़ से मझेरा रोड़	3.68	60.31	शिवपुरी ग्रामीण	ग्रामीण विकास मंत्रालय
217.	झाँसी–दबिया रोड़	2.93	65.00	शिवपुरी ग्रामीण	ग्रामीण विकास मंत्रालय
218.	झाँसी – मझेरा रोड़	3.70	79.71	शिवपुरी ग्रामीण	ग्रामीण विकास मंत्रालय

219.	झाँसी रोड़–दबिया रोड़	14.09	231.00	शिवपुरी ग्रामीण	ग्रामीण विकास मंत्रालय
	Total (B)	**1334.29**	**31664.08**		

C	**ऊर्जा**			
220.	APDRP प्रोजेक्ट अशोकनगर शहर	222.00	अशोकनगर	ऊर्जा मंत्रालय
221.	APDRP प्रोजेक्ट अशोकनगर जिला (ईसागढ़ 1.4, चन्देरी 1.04, मुँगावली 1.37)	380.00	अशोकनगर जिला	ऊर्जा मंत्रालय
222.	राजीव गाँधी ग्रामीण विद्युतीकरण योजना के अंतर्गत अशोकनगर REC – 2 सब–स्टेशन, 17 ट्रांसफॉर्मर (अथाईखेड़ा विद्युतीकरण प्रोजेक्ट का उद्घाटन 26.4.08)	8371.00	अशोकनगर जिला	ऊर्जा मंत्रालय
223.	भौंरा ट्रांसफॉर्मर क्षमतावृद्धि	375.00	ब्लॉक बमोरी, गुना	ऊर्जा मंत्रालय, ADB
224.	ट्रांसफॉर्मर क्षमतावृद्धि गुना (सिरसी–142 लाख, इंटर. कॉरपो. मगराना–89.89 लाख,) अशोकनगर (चिचरोली–73.30लाख, इमला रुहाना–51.71लाख)	735.00	ब्लॉक गुना, अशोक नगर	जापन बैंक फॉर

225.	राजीव गाँधी ग्रामीण विद्युतीकरण योजना के अंतर्गत गुना REC. 2 सबस्टेशन, 10 ट्रांसफॉर्मर (गढ़ला उजारी और झागर विद्युत ट्रांसफॉर्मर 3.15 से 5 झट। कार्य का उद्घाटन 26.4.08)	9746.00	गुना जिला	ऊर्जा मंत्रालय
226.	APDRP प्रोजेक्ट शिवपुरी जिला (पोहरी–12 लाख, कोलारस–46 लाख, खनियांधाना–29 लाख)	87.00	शिवपुरी जिला	ऊर्जा मंत्रालय
	Total – (C)	**19916.00**		
D	**स्वास्थ्य**			
227.	विश्व बैंक से एंबूलैंस हेतु प्राप्त अनुदान (प्रति वर्ष)	12.00	शिवपुरी	
228.	मोबाइल हैल्थ सर्विस–एंबूलैंस हेतु अनुदान	13.00	शिवपुरी	सांसद निधि
229.	एस्कॉर्ट मोबाइल हैल्थ वैन– नवंबर '04 फरवरी '05	0.00	शिवपुरी, गुना, अशोकनगर	एस्कॉर्ट
230.	लाइफलाईन एक्सप्रेस	40.00		

(अप्रैल '03 - मई '03, 05)			
231. ट्रॉमा सेंन्टर	150.00	गुना	स्वास्थ्य मंत्रालय
Total – (D)	**215.00**		
E बुनकर			
232. चन्देरी के हथकरघा वस्त्रों की खरीददारी (वार्षिक)	120.00	चन्देरी	फैब इंडिया
233. चन्देरी विकास ICDS	200.00	चन्देरी	कपड़ा मंत्रालय
234. चन्देरी विकास IPP	800.00	चन्देरी	वाणिज्य मंत्रालय
235. चन्देरी विकास IIUS योजना	2295.00	चन्देरी	वाणिज्य मंत्रालय
Total – (E)	**3415.00**		
F संचार			
236. मोबाइल टेलीफोन सेवा	0.00	गुना, ईसागढ़, अशोकनगर चन्देरी, मुँगावली इत्या.	संचार मंत्रालय
Total – (F)	**0.00**		

G रोजगार			
237. बूढ़ौन राजापुर, लोहरछा, भिलारी, टेंहटा और खाड़ा की 5 पत्थर खदानें फिर से खुलवाई	0.00	शिवपुरी, पोहरी	वन एवं पर्यावरण मंत्रालय
Total – (G)	**0.00**		
H संस्कृति			
238. पुरातत्व महत्व के स्मारकों का संरक्षण	154.00	चन्देरी	सांस्कृतिक मंत्रालय
239. म्यूजियम का निर्माण	260.00	चन्देरी	सांस्कृतिक मंत्रालय
Total – (H)	**414.00**		
I शिक्षा			
240. गुना आई.टी.आई. की स्थापना	25.00	गुना	
241. केन्द्रीय विद्यालय की स्थापना	200.00	मुँगावली	मानव संसाधन मंत्रालय
242. ग्रामीण तकनीकी केन्द्र	525.00	शिवपुरी	

243. नवोदय विद्यालय	900.00	बजरंगगढ़, गुना	मानव संसाधन मंत्रालय
Total – (I)	**1650.00**		
J पर्यटन (ग्वालियर-शिवपुरी-चन्देरी सर्किट रु. 8.00 करोड़)			
244. बादल महल का संरक्षण	18.00	चन्देरी	इन्टैक-पर्यटन मंत्रालय
245. प्रानपुर से ताना-बाना तक जल वितरण प्रोजेक्ट	35.00	चन्देरी	इन्टैक-पर्यटन मंत्रालय
246.न्यायालय का क्राफ्ट सेंटर के रुप में संरक्षण	67.00	चन्देरी	इन्टैक-पर्यटन मंत्रालय
247. राजमहल का संग्रहालय और पर्यटन केन्द्र के रुप मे संरक्षण	270.00	चन्देरी	इन्टैक-पर्यटन मंत्रालय
248. माधव चौक और जिलाधीश चौक का सौन्दर्यीकरण	10.00	शिवपुरी	इन्टैक-पर्यटन मंत्रालय
249. छत्री और जल संरचनाओं का संरक्षण	25.00	शिवपुरी	इन्टैक-पर्यटन मंत्रालय

250. टूरिस्ट विपेज प्रोजेक्ट	40.00	शिवपुरी	इन्टैक-पर्यटन मंत्रालय
251. पुरातात्विक एवं पर्यटक स्थलों को चिन्हित करना	10.00	चन्देरी, शिवपुरी	इन्टैक-पर्यटन मंत्रालय
Total – (J)	**475.00**		
K पेयजल/सिंचाई परियोजनायें			
252. चन्देरी पेयजल परियोजना	268.00	चन्देरी	पी.एच.ई. विभाग
253. इमझेरा माइनर	149.00	गुना	नाबार्ड
254. सिलावटी तालाब	161.74	गुना	नाबार्ड
255. एनीकट प्रोग्राम (जल आवर्धन योजना)	411.00	गुना	नगरपालिका गुना
256. मुँगावली पेयजल परियोजना	300.00	मुँगावली	पी.एच.ई. विभाग
257. कूड़ापाड़ोन तालाब	148.42	शिवपुरी	नाबार्ड
258. शिवपुरी पेयजल परियोजना-मढ़ीखेड़ा	6000.00	शिवपुरी	जलसंसाधन मंत्रालय
259. छर्च तालाब	360.13	पोहरी	जलसंसाधन मंत्रालय
Total – (K)	**7798.29**		

L जल संरचनाओं के पुनरुद्धार/संरक्षण /निर्माण/नवीनीकरण की परियोजनायें (रु. 40.20 करोड़)			
260. बामोर बुजुर्ग परियोजना	12.80	कोलारस	जल संसाधन मंत्रालय
261. रामनगर परियोजना	16.00	कोलारस	जल संसाधन मंत्रालय
262. कुड्डा प्रोजेक्ट	80.80	कोलारस	जल संसाधन मंत्रालय
263. अकाझिरी परियोजना	594.90	कोलारस	जल संसाधन मंत्रालय
264. बमना परियोजना	3.75	पिछोर	जल संसाधन मंत्रालय
265.दरगवां परियोजना	6.06	पिछोर	जल संसाधन मंत्रालय
266. भितरगवा परियोजना	6.44	पिछोर	जल संसाधन मंत्रालय
267. पड़ोरा परियोजना	6.86	पिछोर	जल संसाधन मंत्रालय
268. वीरा परियोजना	6.86	पिछोर	जल संसाधन मंत्रालय
269. जराया परियोजना	8.78	पिछोर	जल संसाधन मंत्रालय
270. खोड़ (वार्ड 2) परियोजना	12.38	पिछोर	जल संसाधन मंत्रालय
271. फतेहपुर परियोजना	12.84	पिछोर	जल संसाधन मंत्रालय
272. शेरगढ़ परियोजना	13.53	पिछोर	जल संसाधन मंत्रालय
273. गुदार परियोजना	14.54	पिछोर	जल संसाधन मंत्रालय

274.	देवखो परियोजना	20.70	पिछोर	जल संसाधन मंत्रालय
275.	विजरावन परियोजना	20.72	पिछोर	जल संसाधन मंत्रालय
276.	सेमरी परियोजना	33.12	पिछोर	जल संसाधन मंत्रालय
277.	खोड़ (वार्ड 1) परियोजना	36.73	पिछोर	जल संसाधन मंत्रालय
278.	कछोआ परियोजना	37.05	पिछोर	जल संसाधन मंत्रालय
279.	मुहारी परियोजना	40.39	पिछोर	जल संसाधन मंत्रालय
280.	हस्थोन परियोजना	43.78	पिछोर	जल संसाधन मंत्रालय
281.	चमोरा परियोजना	43.78	पिछोर	जल संसाधन मंत्रालय
282.	नगदा परियोजना	114.53	पिछोर	जल संसाधन मंत्रालय
283.	फूटीवर परियोजना	164.16	पिछोर	जल संसाधन मंत्रालय
284.	धपोरा परियोजना	219.47	पिछोर	जल संसाधन मंत्रालय
285.	झालोनी परियोजना	288.62	पिछोर	जल संसाधन मंत्रालय
286.	डिगडोली परियेजना	13.50	पोहरी	जल संसाधन मंत्रालय
287.	बेंहट परियोजना	13.53	पोहरी	जल संसाधन मंत्रालय
288.	भटनावर परियोजना	14.56	पोहरी	जल संसाधन मंत्रालय
289.	पिपरघार परियोजना	26.70	पोहरी	जल संसाधन मंत्रालय
290.	भैंसरावन परियोजना	49.13	पोहरी	जल संसाधन मंत्रालय
291.	टोडा परियोजना	53.42	पोहरी	जल संसाधन मंत्रालय

292.	सेनवाड़ा परियोजना	59.70	पोहरी	जल संसाधन मंत्रालय
293.	इमलिया परियोजना	72.22	पोहरी	जल संसाधन मंत्रालय
294.	पिपलोदा परियोजना	170.50	पोहरी	जल संसाधन मंत्रालय
295.	मोहनगढ़ परियोजना	18.40	शिवपुरी	जल संसाधन मंत्रालय
296.	बांसखेड़ी परियोजना	19.83	शिवपुरी	जल संसाधन मंत्रालय
297.	बूढ़ी बरौद परियोजना	56.00	शिवपुरी	जल संसाधन मंत्रालय
298.	सतेरिया परियोजना	75.20	शिवपुरी	जल संसाधन मंत्रालय
299.	मुंजवार परियोजना	147.20	शिवपुरी	जल संसाधन मंत्रालय
300.	टोड़ा परियोजना	16.05	शिवपुरी ग्रामीण	जल संसाधन मंत्रालय
301.	सिरसौद (वार्ड 2) परियोजना	27.90	शिवपुरी ग्रामीण	जल संसाधन मंत्रालय
302.	नारही परियोजना	42.54	शिवपुरी ग्रामीण	जल संसाधन मंत्रालय
303.	राजगढ़ परियोजना	52.79	शिवपुरी ग्रामीण	जल संसाधन मंत्रालय
304.	डुमघना परियोजना	175.95	शिवपुरी ग्रामीण	जल संसाधन मंत्रालय
	Total – (L)	**3187.72**		

M कम्प्यूटर			
305. कम्प्यूटर डोनेशन	0.00	गुना, शिवपुरी, अशोकनगर	
Total – (M)	**0.00**		
N पर्यावरण			
306. राष्ट्रीय झील संरक्षण 185 किमी. परियोजना के अंतर्गत मंत्रालय माधव झील और जाधव सागर का संरक्षण एवं विकास कार्य तथा सीवर लाइन का जीर्णोद्धार	5199.00	शिवपुरी जिला	वन एवं पर्यावरण
Total – (N)	**5199.00**		
कुल योग [A+B+C+D+E+F+G +H+I+J+K+L+M+N+)	**91645.05**	करोड़ रूपये	

अध्याय 3

माधवराव सिंधिया का जीवन परिचय

माधवराव सिंधिया ग्वालियर की भूतपूर्व सिंधिया रियासत (ग्वालियर रियासत) के ग्यारहवें शासक थे, जोकि देश की दूसरी सबसे बड़ी रियासत थी एवं ग्वालियर के शासक (महाराज) को इक्कीस तोपों की सलामी का अधिकार अंग्रेजी शासनकाल में प्राप्त था। ज्ञातव्य रहे कि अंग्रेजी शासनकाल में देश की पाँच रियासतों के शासकों (महाराजाओं) को इक्कीस तोपों की सलामी का अधिकार प्राप्त था। ग्वालियर रियासत इनमें से एक थी। 12 जुलाई 1961 ई. को गृह मंत्रालय द्वारा भारत सरकार के सचिव वी. विश्वनाथ द्वारा जारी की गई घोषणा में यह कहा गया था कि भारत के राष्ट्रपति द्वारा संविधान के अनुच्छेद 366/22 के अंतर्गत माधवराव सिंधिया को ग्वालियर के शासक के रुप में मान्यता देते हुए, उन्हें अपने पिता जीवाजीराव सिंधिया का उत्तराधिकारी घोषित किया जाता हैं, माधवराव सिंधिया को बाद में प्रिवीपर्स भी मिलता रहा। इस प्रकार माधवराव सिंधिया को भारत सरकार ने ग्वालियर का शासक विधिवत् रुप से मान लिया था।

ग्वालियर के सिंधिया राजवंश के बारे में एक किवदंती है कि महादजी सिंधिया को सूफी संत बाबा मंसूर शाह ने आशीर्वाद दिया था कि सिंधिया परिवार की पाँच पीढ़ियाँ राज्य करेंगी और ऐसा ही हुआ। माधवराव छठवीं एवं ज्योतिरादित्य सातवीं पीढ़ी का प्रतिनिधित्व करते हैं। देश में राजा-रजवाड़ों के उन्मूलन के वर्षो बाद भी भूतपूर्व ग्वालियर राज्य के उत्तराधिकारियों का प्रभुत्व आज तक ग्वालियर

अंचल में कायम रहा हैं। यहां के नागरिक आज भी माधवराव सिंधिया को महाराज के संबोधन से ही पुकारते हैं। वह भी किसी भय या राजनीतिक स्वार्थ के कारण नहीं बल्कि भावनाओं और राजवंश से जनता के सीधे संपर्क के कारण। इसकी तुलना ब्रिटेन के राजतंत्र से की जा सकती है, जहाँ राजा ने आधुनिक लोकतंत्र की मान्यताओं और प्राचीन परंपराओं के साथ अद्भुत सामंजस्य बना रखा हैं। कमोवेश यही बात सिंधिया राजपरिवार के बारे में भी सटीक हैं।

जन्म

माधवराव सिंधिया का जन्म 10 मार्च 1945 ई. को समुद्र महल, बम्बई (मुंबई), महाराष्ट्र में हुआ था। माधवराव सिंधिया, जीवाजीराव सिंधिया एवं विजयाराजे सिंधिया के एकमात्र पुत्र थे। माधवराव, जीवाजीराव एवं विजयाराजे सिंधिया के पाँच पुत्र-पुत्रियों में से तीसरे नंबर की संतान थे। माधवराव से बड़ी पद्माराजे एवं ऊषाराजे तथा छोटी वसुंधराराजे एवं यशोधराराजे पुत्रियाँ थी। जीवाजीराव सिंधिया एवं विजयाराजे सिंधिया की पहली संतान पद्माराजे का जन्म 23 फरवरी, 1942 को हुआ तथा दूसरी बेटी ऊषाराजे का जन्म 31 अक्टूबर, 1943 को हुआ था। माधवराव सिंधिया का जन्म बंबई में महाराज बीकानेर की हवेली, बीकानेर हाऊस में हुआ था, जो इस समय नेपियन-सी रोड़, बंबई (मुम्बई) में स्थित हैं, जिसे जीवाजीराव से मित्रवत् एवं घनिष्ठता के कारण, महाराज बीकानेर ने बाद में उन्हें बेच दिया और अब यह 'समुद्रमहल' के नाम से जानी जाती हैं।

माधवराव सिंधिया का नामकरण, माधवराव सिंधिया प्रथम (1886-1925 ई.), जिन्हें ग्वालियर की जनता प्यार से माधौ महाराज कहती थी, के नाम पर किया गया था। राजवंशीय परंपराओं के अनुसार दादा के नाम पर पोते का नामकरण करने का रिवाज था। माधवराव सिंधिया के जन्म के समय, महाराज जीवाजीराव सिंधिया बंबई में थे और इधर ग्वालियर में रियासत एवं महल के अधिकारियों ने राजपुरोहित एवं ज्योतिषियों को बुलाकर, युवराज के भविष्य के बारे में पूछा। ज्योतिषियों ने अपनी गंभीर मुद्रा में धीमें स्वर से कहा कि राजकुमार के भाग्य में राज्य रेखा का योग नहीं हैं अर्थात् माधवराव

के भाग्य में राजयोग नहीं है। यही राजकुमार माधवराव सिंधिया बाद में भारत की केन्द्रीय राजनीति में प्रमुख भूमिका निभाने लगे। केन्द्र में विभिन्न मंत्रालयों में मंत्री रहे तथा लोकसभा में विपक्षी दल कांग्रेस के उपनेता रहे एवं भारत के भावी प्रधानमंत्री के रुप में देखे जाने लगे थे।

जन्मोत्सव

माधवराव सिंधिया के जन्म का उत्सव स्मर्णीय था। जन्म की सूचना ग्वालियर की जनता को सुबह के समय 10 मार्च 1945 ई. को तोपों की आवाज से मिली। सूचना मिलते ही सारा ग्वालियर शहर एवं पूरी रियासत एक उत्सव के समान हर्षोल्लास में डूब गयी। पूरी रियासत में जश्न का माहौल था। राजकुमार के जन्म पर रियासत फूली नहीं समा रही थी, अप्रत्याशित उत्साह, पूरी रियासत में था। हजारों लाखों व्यक्तियों की भीड़ जयविलास पैलेस की ओर उमड़ पड़ी। वस्त्रों, कम्बलों, अनाज और मिठाईयों का वितरण होने लगा। ग्वालियर के जीवाजीगंज में रहने वाली एक निर्धन वृद्धा ने तो अपनी जीविका का एकमात्र साधन चरखा बेचकर मुहल्ले में दीप माला जलाई। एक मास तक नगर में सामूहिक जलसों एवं सभाओं द्वारा जिस आनंद और प्रसन्नता की अभिव्यक्ति जनता द्वारा हुई, वह ग्वालियर के इतिहास में चिरस्मर्णीय हैं।

जन्मोत्सव में भाग लेने के लिए महाराष्ट्र से भी कई लोग आये और संगीत-गान, नाट्य, आदि के बड़े कार्यक्रम उन्होंने पूरे शहर में किये। माधवराव के जन्म की खुशी में पूरे ग्वालियर स्टेट के स्कूलों में मिठाई वितरित की गई थी। मिठाई भी प्रत्येक विद्यार्थी को आज के आधा किलों के बराबर बाँटी गई थी। ग्वालियर रियासत में स्थित उज्जैन नगरी में भी राजकुमार का जन्मोत्सव बड़े हर्षोल्लास से मनाया गया। उज्जैनवासियों ने अपने राजकुमार के जन्म पर दीपावली मनाई और उसी दौरान रातोंरात क्षीरसागर का स्वागत द्वार बनाया गया। उज्जैन में कपड़ा व्यापारियों ने कपड़ों, मालियों ने फूलों के, सोने-चांदी के व्यापारियों ने आभूषणों और गिन्नियों तथा मिठाई व्यापारियों ने मिठाईयों के स्वागत द्वारा बनाए थे। जन्मोत्सव कई

दिनों तक चलता रहा था। ग्वालियर में माधवराव के जन्म की खुशी में किले की दीवार पर हजारों बिजली के बल्बों से "युवराज चिरायू हो" लिखा गया था।

माधवराव सिंधिया के जन्म के समय चक्रवर्ती राजगोपालचार्य राजदम्पत्ति को बधाई देने ग्वालियर आये और महाराज बाड़े पर अपने भाषण में उन्होंने कहा कि "आज ग्वालियर की जनता के हर्ष और उल्लास को देखकर मैं कल्पना कर रहा हूँ, उस दृश्य की जो कि सतयुग में राम जन्म के समय अयोध्या में रहा होगा। महाराज दशरथ को प्राप्त जनता की बधाईयां और वंदनाओं का स्वरुप कुछ-कुछ ऐसा ही रहा होगा, जैसा कि आज ग्वालियर में देखा जा रहा है। साकेत वासियों के उस उल्लास उत्सव के स्वरुप का आभास आज मैं भी इस नगर में देख रहा हूँ।" राजपरिवार में पुत्र जन्म का विशेष महत्व था, क्योंकि जीवाजीराव सिंधिया एवं विजयाराजे को इनसे पहले दो संतानों के रुप में पुत्री रत्न की प्राप्ति हुई थी, अतः ग्वालियर रियासत के लोग विजयाराजे सिंधिया के तीसरी बार गर्भवती होने पर ईश्वर से पुत्र-प्राप्ति के लिये प्रार्थना कर रहे थे। ईश्वर ने सभी की प्रार्थना सुन ली। जीवाजीराव सिंधिया को पुत्र रत्न प्राप्ति, एक विशेष ऐतिहासिक परिप्रेक्ष्य पेश करता है, क्योंकि उनको मिलाकर 'दस' सिंधिया शासकों में से चार को कोई पुत्र नहीं था और उन्हें 'दत्तक पुत्र' उत्तराधिकारी के रुप में लेने पड़े थे। ये शासक थे, जयप्पा सिंधिया, महादजी सिंधिया, दौलतराव सिंधिया एवं जनकोजीराव सिंधिया।

माधवराव सिंधिया, जिन्हें महाराज जीवाजीराव सिंधिया प्यार से 'बालराजे' एवं महारानी विजयाराजे सिंधिया 'भैया' (भय्या) कहकर पुकारती थी, का प्रारंभिक जीवन जयविलास महल के ऐश्वर्यमय वातावरण में व्यतीत होने लगा। महाराज-महारानी, राजकुमार की बाल्यावस्था की चंचलताओं से आनंदित एवं प्रफुल्लित होकर अपना जीवन ऐश्वर्यमय तरीके से व्यतीत कर रहे थे, तभी महाराज-महारानी को राजकुमार की शिक्षा-दीक्षा की चिंता सताने लगी। जीवाजीराव सिंधिया राजकुमार माधवराव को इस प्रकार की शिक्षा दिलाने के पक्ष में थे, जिससे कि राजकुमार भावी चुनौतियों का सामना कर सके।

उनकी योजना थी कि राजकुमार को अपनी प्रजा के आम विद्यार्थियों के साथ शिक्षा दिलायी जायें, ताकि वे आमजन के दुःखदर्द को समझ सके।

प्रारंभिक शिक्षा

माधवराव सिंधिया की प्रारंभिक शिक्षा "शिशु मंदिर" जिसे वर्तमान में ए.एम.आई. शिशु मंदिर कहते है में हुई। इस विद्यालय की स्थापना जीवाजीराव सिंधिया ने राजपरिवार के राजकुमार एवं राजकुमारियों की शिक्षा मोंटिसरी पद्धति के आधार पर देने के लिए की थी। इस शिशु शाला में नगर के संभ्रात परिवारों के बालक-बालिकाओं की शिक्षा के साथ ही राजकुमार एवं राजकुमारियों की शिक्षा का आयोजन हुआ। शिशु मंदिर में शिक्षा प्राप्ति के बाद माधवराव, की आगे की शिक्षा द सिंधिया स्कूल (फोर्ट) पर हुई। जहाँ उन्होंने 7 वर्ष की आयु में प्रवेश लिया और 16 वर्ष की आयु तक शिक्षा प्राप्त की।

स्कूली शिक्षा

जीवाजीराव सिंधिया ने सिंधिया स्कूल में प्रवेश दिलाने के समय तत्कालीन प्राचार्य कृष्णचन्द्र शुक्ला से आग्रहपूर्वक कहा था कि 'गुरुदेव', 'बालराजे' (माधवराव) को मैं आपके हाथ में सौंप रहा हूँ, आप इन्हें उत्कृष्ट शिक्षा दें और इस बात का पूरा ध्यान रखें कि बालराजे के साथ वैसा ही व्यवहार करें जैसा कि एक सामान्य विद्यार्थी के साथ किया जाता है। महाराज जीवाजीराव सिंधिया की इच्छानुसार राजकुमार माधवराव को स्कूल के अन्य छात्रों की तरह रखा जाता था। अन्य लड़कों के समान ही उनके साथ व्यवहार किया जाता था। खानपान, रहन-सहन सब में किसी प्रकार का कोई भेद नहीं था। एक बार माधवराव, सिंधिया स्कूल के बच्चों के साथ पैदल पिक्चर (फिल्म) देखने गये। आते समय स्वभावतः थक गये। टॉकीज से टेलीफोन करके बड़ी मोटर उन्होंने मंगवा ली तथा अपने मित्रों के साथ बैठकर जल्दी स्कूल आ गये और वे स्कूल मैंस में खाना खाने चले गये, किन्तु वहाँ लोगों ने खाना खिलाने से इंकार कर दिया और कहा कि

जब सभी लड़के आ जायेंगे, तब ही भोजन होगा। तब माधवराव हाऊसमास्टर अग्निहोत्री के पास गये और श्रीमती अग्निहोत्री ने उन्हें खाना खिलाया। जब शुक्लजी को पता चला तो उन्होंने माधवराव एवं अग्निहोत्री दोनों को काफी डांट लगायी। बाद में जब महाराज जीवाजीराव सिंधिया को पता चला, तो वे भी माधवराव सिंधिया से नाराज हुए और अनुशासन भंग करने पर नाराजगी का सामना करना पड़ा।

माधवराव सिंधिया की शिक्षा के दौरान उनके शिक्षकों एवं प्राचार्य कृष्णचंद शुक्ला ने उन्हें कठोर अनुशासन में रखा। माधवराव अपनी कक्षा में लगातार प्रगति करते गये, एक साधारण छात्र की तरह न कि एक युवराज या अमीर व्यक्ति की तरह। वे प्रखर एवं तेज बुद्धि के छात्र थे। माधवराव को स्कूल में शरीफ अहमद ने नेवी कैडिट के रुप में प्रशिक्षित किया। एक बार 1956-57 ई. में ऑल इंडिया पब्लिक स्कूल का नेवी विंग का कैम्प बम्बई में लगा। कैंप की तैयारियां पूर्ण नही थी तथा वर्षा के कारण जमीन भी गीली थी। गीली जमीन पर बिछायत करके विद्यार्थी सोते थे, ऐसी परिस्थिति के कारण माधव को दो दिन देर से कैंप में लाने के लिए जब शरीफ अहमद 'समुद्रमहल' (बम्बई) गये तब, उन्हें महाराज जीवाजीराव सिंधिया की डांट खानी पड़ी। उन्होंने कहा कि माधव कोई अनोखा बच्चा नहीं हैं, जो गीली जमीन पर नहीं सो सकता। उन्होंने तत्काल माधव को कैंप में भिजवाया। माधवराव कैंप में आम कैडिटो की तरह रहे। जिस तरह खाने के लिए कैंप में अपनी थाली कटोरी लेकर विद्यार्थियों को लाइन में खड़े होना पड़ता था, उसी लाईन में माधवराव भी अपनी थाली, कटोरी लेकर खड़े रहते थे। कैंप खत्म होने के बाद शिक्षक जब माधव को लेकर समुद्रमहल पहुँचे तो जीवाजीराव ने कहा, माधवराव को भला कुछ हुआ? आप लोग यूं ही डर रहे थे, उसे भी चुनौतियों का सामना करने दो।

स्कूल में अध्ययन के दौरान, माधवराव अन्य पाठ्यसहगामी क्रियाओं में भी संलग्न रहते थे। वे एक अच्छे तैराक, एक अच्छे अश्वारोही, गोलकीपर के रुप में हॉकी के अच्छे खिलाड़ी तथा क्रिकेट के बहुत अच्छे खिलाड़ी थे। बालराजे (माधवराव) ने स्कूल में अपने

मित्रों की एकटोली विकसित कर ली थी, जिसके साथ स्कूल में वे मिलकर बालक्रियाओं में संलग्न रहते थे। माधवराव, सिंधिया स्कूल में अपने मित्र बालेन्दु शुक्ला के साथ 'जयाजी हाऊस' में रहते थे। उन्होंने अपनी जीवन शैली से राजपुत्र होने का एहसास कभी नहीं होने दिया, इसलिए अपनी मित्र मंडली में वे बेहद लोकप्रिय रहे। उनका मिलनसार व्यक्तित्व सहपाठियों को सहज ही आकर्षित करता था। हर मित्र के दुख से दुखी होना और खुशी में प्रसन्न होना माधवराव सिंधिया के व्यक्तित्व की मौलिक विशेषता थी।

माधवराव ने सिंधिया स्कूल में सीनियर कैम्ब्रिज तक शिक्षा प्राप्त की थी। माधवराव की स्कूली शिक्षा तत्काली प्राचार्य कृष्णचंद्र शुक्ल के निर्देशन एवं देखरेख में हुई थी। शुक्ल की कामना युवराज के कल्याण और उनके सौभाग्य में वृद्धि करने पर केन्द्रित थी। उन्होंने युवराज माधवराव के चरित्र निर्माण में निरंकुशता की श्रृंखलाओं को छिन्न-भिन्न करते हुए, स्वेच्छानुसार कठोर नियमों तथा अनुशासन के घेरे में बांध कर रखा। इनके प्रारंभिक प्रशिक्षण में शुक्लजी का महत्वपूर्ण और शक्तिशाली हाथ था। स्कूल के अन्य छात्रों के समान ही इनकी शिक्षा और व्यवहार की ओर ध्यान दिया गया था। सिंधिया स्कूल ने 'सौंसा' ग्राम को गोद ले रखा था, जहां ग्रीष्मकालीन अवकाश में शिविर लगता था। माधवराव ने इसी कैंप में स्कूली शिक्षा के दौरान प्रथमतः किसी ग्राम के ग्रामीण परिवेश को समझा। कैंप के दौरान वे शारीरिक श्रमदान भी करते थे।

उच्च शिक्षा

माधवराव सिंधिया की उच्च शिक्षा इंग्लैण्ड में हुई। जीवाजीराव की मृत्यु के बाद माधवराव को 'महाराज' कहा जाने लगा। इसी कारण राजमाता विजयाराजे सिंधिया उन्हें किसी स्थानीय कॉलेज में प्रवेश दिलाना नहीं चाहती थी। विजयाराजे ने सिंधिया स्कूल के प्राचार्य कृष्णचंद्र शुक्ल को माधवराव के साथ इंग्लैण्ड भेजा और उन्होंने विंचेस्टर में उनके प्रवेश की समस्त औपचारिकताओं को पूरा किया। ऑक्सफोर्ड विश्वविद्यालय में प्रवेश के लिये विंचेस्टर से 'ए' लेबल होना आवश्यक था। इसी बीच माधवराव की भेंट नेपाल के राणा

पशुपति शमशेर से हुई। उन्होंने माधवराव को बताया कि चूँकि उनके सीनियर कैम्ब्रिज में छः विषयों में विशेष योग्यता है अतः उन्हें 'ए' लेबल करने की आवश्यकता नहीं है। ऑक्सफोर्ड में प्रवेश की संभावना जानकर विजयाराजे 1963 में माधवराव के साथ इंग्लैण्ड गई और ऑक्सफोर्ड विश्वविद्यालय के 'न्यू कॉलेज' में उन्हें प्रवेश दिलाया। उन्होंने बी0ए0 स्नातक राजनीति विज्ञान एवं दर्शनशास्त्र में विंचेस्टर कॉलेज, ऑक्सफोर्ड से किया एवं परास्नातक एम0ए0 अर्थशास्त्र में 'न्यू कॉलेज', ऑक्सफोर्ड से किया था। माधवराव सिंधिया ने जेनेवा से फ्रेंच और इटालियन भाषायें भी सीखी थी।

राज्यारोहण समारोह

माधवराव सिंधिया का राज्यारोहण राजमाता विजयाराजे सिंधिया के निर्देशन में 1966 ई. में ग्वालियर में संपन्न हुआ। तब माधवराव की आयु 21 वर्ष की थी। राजमाता विजयाराजे का सोचना था कि रियासत नहीं रही, फिर भी भैया, 'महाराज' की 'पद्वी' का अधिकारी तो हैं, वह सिंधिया घराने का वारिस हैं, सिंधिया राजवंश की परम्परा से परिचित कराने की दृष्टि से राज्यारोहण समारोह संपन्न कराना आवश्यक है। वस्तुतः भारत सरकार ने पहले ही माधवराव सिंधिया को ग्वालियर का शासक मान लिया था। 12 जुलाई 1961 ई. को गृह मंत्रालय द्वारा भारत सरकार के सचिव वी. विश्वनाथ द्वारा जारी की गई घोषणा में कहा गया था कि भारत के राष्ट्रपति द्वारा संविधान के अनुच्छेद 366/22 के अंतर्गत माधवराव सिंधिया को ग्वालियर के शासक के रुप में मान्यता देते हुए, उन्हें अपने पिता महाराजा जीवाजीराव सिंधिया का उत्तराधिकारी घोषित किया जाता है। 17 जुलाई 1962 से प्रभावी होने वाली इस सूचना में यह भी कहा गया था कि माधवराव सिंधिया ग्वालियर के शासक की हैसियत से अपने पिता की समस्त निजी चल-अचल संपत्ति के एकमात्र उत्तराधिकारी होंगे। माधवराव को प्रतिवर्ष 40 लाख रुपये प्रिवीपर्स भी प्राप्त होता था।

विवाह

माधवराव सिंधिया का विवाह 8 मई 1966 ई0 में दिल्ली में नेपाल के राणा परिवार की कन्या राजकुमारी राज्यलक्ष्मी से हुआ। विवाह के बाद वधू का नाम माधवीराजे रखा गया। विवाह में देश के कई गणमान्य लोगों के अलावा प्रधानमंत्री इन्दिरा गांधी भी उपस्थित हुई थी। माधवराव सिंधिया की शादी के लिए लड़की के चुनाव में राजमाता के रिश्तेदार कर्नल मेहरबान सिंह चिन्वन एवं उनकी पत्नी ने नेपाल के राणा की पुत्री राजकुमारी राज्यलक्ष्मी के चुनाव के लिए राजमाता को मानसिक रुप से प्रभावित किया था जबकि सरदार संभाजीराव आंग्रे जोधपुर के राजपरिवार से माधवराव की शादी के पक्ष में थे। माधवराव की शादी पूर्णतः राजमाता द्वारा व्यवस्थित की गयी थी। शादी पूर्व उन्होंने अपनी होने वाली पत्नी को कभी नहीं देखा था। शादी पूर्णतः राजमाता की इच्छा से उन्होंने की थी अतः वे एक आज्ञाकारी पुत्र भी थे।

परिवार

जीवाजीराव एवं विजयाराजे सिंधिया के परिवार में चार पुत्रियाँ एवं एक पुत्र था। पद्‌माराजे, ऊषाराजे, वसुंधराराजे, यशोधराराजे एवं माधवराव, ये कुल पाँच संताने थी। पद्‌माराजे का विवाह 6 मार्च 1960 ई0 को त्रिपुरा नरेश महाराज किरीट देव वर्मन के साथ हुआ। ऊषाराजे का विवाह जून 1967 ई0 में नेपाल के राणा पशुपति शमशेर के साथ हुआ। वसुंधराराजे का विवाह धौलपुर नरेश हेमंतसिंह के साथ 24 नवंबर, 1972 ई0 को हुआ। यशोधराराजे का विवाह 1976 ई0 में बंबई के प्रसिद्ध हृदयरोग विशेषज्ञ डॉ0 किरीटलाल भंसाली के इकलौते पुत्र डॉ0 सिद्धार्थ के साथ हुआ।

माधवराव सिंधिया की दो संतानों में एक पुत्री एवं एक पुत्र है। पुत्री राजकुमारी चित्रांगदाराजे का जन्म 14 फरवरी 1967 ई0 एवं पुत्र ज्योतिरादित्य सिंधिया का जन्म 1 जनवरी 1971 ई0 को हुआ था। राजकुमारी चित्रांगदाराजे का विवाह 11 दिसम्बर, 1987 ई0 को

कश्मीर की पूर्व डोगरा रियासत डॉ0 कर्णसिंह के पुत्र राजकुमार विक्रमादित्य के साथ ग्वालियर में आयोजित किया गया। यह परिणय पर्व लगभग तीस हजार लोगों की मौजूदगी में संपन्न हुआ। पुत्र युवराज ज्योतिरादित्य सिंधिया का विवाह 11 दिसंबर 1994 ई. को बड़ौदा के गायकवाड़ राजघराने की राजकुमारी प्रियंकाराजे, जिन्हें अब प्रियदर्शीराजे कहते है, से हुई। ज्योतिरादित्य के एक पुत्र महाआर्यमण एवं पुत्री अनन्या हैं।

अभिरुचियाँ

माधवराव सिंधिया बड़े ही शौकीन मिजाज के व्यक्ति थे। उनकी खेलों में विशेष रुचि थी, वे क्रिकेट, हॉकी, गोल्फ, बैटमिन्टन, स्वीमिंग, निशानेबाजी, स्कैस, ब्रिज, घुड़सवारी आदि खेल पसंद करते थे। उन्हें शिकार खेलने का भी शौक था और कई बार शिवपुरी के जंगलों में शिकार खेलने जाते थे। उन्हें तेजगति से गाड़ी चलाना पसंद था, वे एक ऐसे व्यक्ति थे, जिन्हें हैलीकॉप्टर से लेकर बैलगाड़ी तक चलाना आता था।

राजनीति में प्रवेश

माधवराव सिंधिया राजनीति में नहीं आना चाहते थे, उन्हें राजमाता विजयाराजे सिंधिया एवं सरदार आंग्रे ने राजनीति में प्रवेश के लिए तैयार किया। राजनीति में वे अपनी माँ के साथ रहे और उनका प्रारंभिक राजनीतिक प्रशिक्षण राजमाता विजयाराजे की छत्रछाया में हुआ। राजनीति में प्रवेश का उद्देश्य सत्ता प्राप्ति नहीं अपितु जनसेवा की भावना से प्रेरित होकर किया था। सिंधिया राजवंश की परंपरा जनता जनार्दन की सेवा करने की रही हैं, उसी परंपरा का निर्वहन माधवराव सिंधिया ने राजनीति में किया। तभी तो वे सदैव कहते थे, "मेरे लिए राजनीति दिमाग से ज्यादा हृदय का विषय हैं।" माधवराव सिंधिया ने राजनीति रुप से अपनी सक्रियता संविद सरकार के समय दिखायी। उन्होंने पं0 द्वारिकाप्रसाद मिश्र को अपदस्थ करने में राजमाता विजयाराजे सिंधिया का पूरा सहयोग दिया। राजनीतिक रुप से माधवराव सिंधिया ने पहली बार ग्वालियर के छत्री बाजार

मैदान की एक विशाल आमसभा में अटलजी की उपस्थिति में जनसंघ की सदस्यता ग्रहण की थी। अब वे अपने आपको जनसंघ, राष्ट्रीय स्वयंसेवक संघ और उनके विचारों के साथ पूरी तरह से एकाकार करना चाहते थे। वे राजमाता से पहले जनसंघ में सम्मिलित हुए थे। जनसंघ में सम्मिलित होने के बाद प्रदेश जनसंघ ने उनको पहली जिम्मेदारी 'प्रदेश कोषाध्यक्ष' की दी थी। राजमाता विजयाराजे सिंधिया की तरह ही उन्हें भी जनसंघ से निकट लाने का श्रेय सरदार संभाजीराव आंग्रे को ही जाता हैं। राजनीति में उनकी सक्रियता के पीछे भी आंग्रे की भूमिका महत्वपूर्ण रही, किन्तु बाद में उनमें दूरीयाँ बढ़ गई।

राजमाता विजयाराजे सिंधिया ने माधवराव सिंधिया को राजनीति के क्षेत्र में मार्गदर्शन करने के लिए बलराज मधौक से कहा। उन्होंने बलराज मधौक को उज्जैन के 'कैलाश महल' में मिलवाया। बलराज मधौक ने माधवराव को देश की राजनीति की रीति नीति और विभिन्न पार्टियों के क्रियाकलापों की जानकारी लेने को कहा। जनसंघ का सदस्य बनने के बावजूद युवा माधव का विभिन्न वैचारिक मुद्दों पर पार्टी की नीतियों एवं नेताओं से मतभेद था। वह विशेष तौर पर पार्टी में व्यक्तिगत स्वतंत्रता नहीं होने की बात से चिढ़ते थे और कई बार उनसे इस बारे में अपनी भावनाएँ जाहिर कर चुके थे। माधव की राजनीतिक अनिश्चितता से चिंतित होकर राजमाता ने उन्हें बताया कि उनका बेटा पार्टी छोड़ने का मन बना चुका है और मैं उसे ऐसा न करने के लिए समझांऊ। राजमाता ने माधवराव पर जनसंघ न छोड़ने के लिए काफी दबाव बनाया। हालाँकि इन्हीं वैचारिक मतभेदों के चलते माधवराव ने एक दशक बाद जनसंघ को छोड़कर कांग्रेस पार्टी की सदस्यता ली।

आपातकाल

25 जून 1975 की आधी रात को इंदिरा गांधी ने देश में आपातकाल की घोषणा कर दी। तत्कालीन राष्ट्रपति फखरुद्दीन अली अहमद के समक्ष आपात स्थिति की घोषणा से संबंधित अध्यादेश हस्ताक्षर के लिए पेश किया। जिसमें कहा गया था कि भारत की

सुरक्षा को गंभीर खतरा पैदा हो गया है, अतः सरकार को विवश होकर आंतरिक आपात-स्थिति लागू करनी पड़ रही हैं। आपातकाल में सभी विरोधी राजनीतिकों एवं प्रमुख लोगों को जेल में डाल दिया गया। माधवराव सिंधिया उस समय बम्बई में थे, वहां से अपने आपको गिरफ्तारी से बचाने के लिये नेपाल चले गये। वहां से एक व्यक्ति से संदेश भिजवाया कि राजमाता विजयाराजे नेपाल आ जाए। माधवराव ने एक बार पहले भी राजमाता की गिरफ्तारी की संभावना को टालने का प्रयत्न किया था। राजमाता विजयाराजे को गिरफ्तार कर लिया गया और कुछ समय बाद 3 सितंबर 1975 ई0 को दिल्ली की 'तिहाड़ जेल' में बंदी बनाकर भेज दिया गया। राजमाता की गिरफ्तारी एवं माधवराव के बचकर नेपाल चले जाना यह दर्शाता है कि संकट की उस घड़ी में दो में से एक गिरफ्तारी से बचकर, आगे की रणनीति बनाकर भविष्य की रुपरेखा का निर्माण कर सकें।

माँ-बेटे में संबंध

माधवराव सिंधिया एवं राजमाता विजयाराजे सिंधिया के बीच प्रारंभ में अच्छे संबंध थे। वे एक आज्ञाकारी पुत्र एवं माँ के पद चिन्हों पर चलने वाले माँ के लाड़ले बेटे थे। राजनीति से लेकर सामाजिक दायित्वों के निर्वहन तक सभी क्षेत्रों में उन्होंने माँ की आज्ञा का पालन किया। कालान्तर में माँ-बेटे के बीच संबंध अत्यधिक बिगड़ गये। ग्वालियर राजघराने की पिछली तीन पुश्तों में यह परंपरा रही हैं - माँ-पुत्र में कभी नहीं बनी। माधवराव और विजयाराजे का यह झगड़ा उसी श्रृंखला की तीसरी कड़ी था। झगड़े का प्रमुख कारण था, राजनैतिक विचारधारा में विभिन्नता, निजी संपत्ति एवं सरदार संभाजीराव आंग्रे की महात्वाकांक्षा। माधवराव सिंधिया वैचारिक रुप से जनसंघ में एकाकार न कर सके और कांग्रेस-ई में सम्मिलित हो गये। 1977 ई. में गुना से कांग्रेस-ई समर्थित निर्दलीय उम्मीदवार के रुप में विजयी हुए। 1979 ई. में वे पहली बार इंदिरा गांधी से मिले और उसी समय संजय गांधी से भी उनकी मुलाकात हुई। युवा और प्रबुद्ध राजनीति के इन दो बिन्दुओं पर उन्होंने निर्णय कर लिया कि कांग्रेस ही एक सही रास्ता हैं। 1980 ई. के चुनाव में राजमाता ने इन्दिरा

गांधी के विरुद्ध रायबरेली से चुनाव लड़ा। इससे भी माँ-बेटे के रिश्ते में खटास आयी। मतभेदों का दूसरा कारण था, निजी संपत्ति। कानूनी तौर पर माधवराव सिंधिया अपने पिता की सारी संपत्ति के एकमात्र अधिकारी थे। इस संपत्ति पर उन की माँ का कोई अधिकार नहीं था, क्योंकि वह स्त्री धन नहीं था। सन् 1972 में शहरी भूमि सीमा कानून लागू होने के कारण माधवराव सिंधिया ने अपनी सारी संपत्ति को लगभग 15 ट्रस्टों में बाँट दिया था। बस यही संपत्ति बाद में मतभेदों का कारण बनी। सरदार संभाजीराव आंग्रे, जीवाजीराव सिंधिया के मौसेरे भाई थे। जीवाजीराव की मृत्यु और माधवराव के सात वर्षो (1961-68 ई.) तक इंग्लैण्ड रहना। इन सात वर्षो में सरदार आंग्रे राजमाता के विश्वसनीय बन गये। विशाल धनसंपदा और राजनीतिक घटनाचक्र-अकेली राजमाता को ऐसे समय एक ऐसे संबल की जरुरत थी, जो उनके रियासती दायित्व में हिस्सा ही न बंटा सकता हो बल्कि उनकी राजनीतिक आकांक्षाओं को भी लौ दे सकता हो। सरदार आंग्रे अपनी भूमिका समझ चुके थे। आंग्रे ने डी.पी. मिश्रा की सरकार को गिराकर अपने राजनैतिक चातुर्य का परिचय दिया और आंग्रे ने ही राजमाता को इंदिरा गांधी के विरुद्ध रायबरेली चुनाव लड़ने की सलाह दी थी? तथा राजमाता को विश्वास दिलाया था कि यदि वों इंदिरा को पराजित कर देंगी तो अन्तर्राष्ट्रीय व्यक्तित्व बन जायेंगी? सरदार आंग्रे की राजमाता से निकटता एवं परिवार में अत्यधिक हस्तक्षेप माधवराव को पसंद नहीं था। सरदार आंग्रे माँ बेटे में दूरी बढ़ाने का कार्य भी कर रहे थे, साथ ही निजी संपत्ति के मतभेदों में अपनी महत्वाकांक्षाओं को भी परवान चढ़ा रहे थे। इसी बीच 13 अगस्त, 1983 ई. को कुछ लोगों ने सरदार आंग्रे के आवास हिरण्यवन कोठी पर कब्जा करके सामान बाहर फेंक दिया और हिरण्यवन कोठी खाली कराली। माधवराव सिंधिया पर यह आरोप लगा कि यह उनके आदमियों ने किया है? इससे राजमाता और माधवराव की दूरी और बढ़ गयी। किन्तु मतभेदों के बावजूद माधवराव सिंधिया ने राजमाता के विरुद्ध कभी कुछ ऐसा नहीं कहा, जिससे माँ-बेटे के सनातन रिश्ते पर आंच आती हों।

संस्थाओं के प्रमुख

माधवराव सिंधिया कई संस्थानों, संघो, ट्रस्टों आदि के प्रमुख रहे। माधवराव सिंधिया, सिंधिया राजवंश से संबंधित बाइस से अधिक ट्रस्टों के अध्यक्ष एवं छः ट्रस्टों के ट्रस्टी रहे। वे कई शिक्षा संस्थानों के अध्यक्ष एवं बोर्ड ऑफ गवर्नर्स के सदस्य रहे। माधवराव सिंधिया कई क्लबों के सदस्य रहे। साथ ही कई पर्यावरण एवं वन्यजीव संरक्षण संस्थाओं एवं समितियों के सदस्य रहे। माधवराव सिंधिया भारतीय क्रिकेट कंट्रोल बोर्ड एवं मध्यप्रदेश क्रिकेट एसोसिएशन के अध्यक्ष रहे। 1996 ई. में हुआ क्रिकेट विश्व कप की तीन देशों की कमेटी 'पिल्कॉम' के वे अध्यक्ष रहे थे। वे मध्यप्रदेश टेनिस एसोसिऐशन के उपाध्यक्ष रहे तथा ग्वालियर डिवीजन क्रिकेट एसोसिऐशन, महादजी सिंधिया एकता समिति, ब्रिज एसोसिएशन, ग्वालियर के संरक्षक रहे। वे मध्यप्रदेश राज्य टूरिज्म डवलपमेन्ट कॉरपोरेशन के डायरेक्टर भी रहे।

राजनीतिक जीवन यात्रा

माधवराव सिंधिया की राजनैतिक जीवन यात्रा सन् 1971 ई0 में गुना क्षेत्र से जनसंघ के सदस्य के रुप में लोकसभा का सदस्य बनने से हुई। वे पाँचवी लोकसभा से लेकर तेरहवीं लोकसभा तक नौ बार लगातार बिना पराजित हुए लोकसभा के सदस्य रहे। माधवराव सिंधिया राजनीति में सुचिता का प्रतिनिधित्व करते थे। उन्होंने सदैव मूल्यों और सिद्धांतों पर आधारित राजनीति को प्रश्रय दिया। सस्ती लोकप्रियता अर्जित करने के लिए सतही राजनीति को उन्होंने कभी नहीं अपनाया। 'साध्य' के साथ साधनों की पवित्रता में उनका अटूट विश्वास था, जिसे वे जीवन में अंगीकार करते थे। षड्यंत्रकारी राजनीति सिंधिया के स्वभाव में नहीं थी। शायद वे अंत तक नहीं जान पाए कि राजनीति कबीर के सहज दोहों की तरह ही नहीं की जाती, उसमें उलटबाजियां भी होती है। होना तो यह चाहिए था कि वंशानुगत विरासत में मिले राजनीतिक पाठ को या महलों की राजनीति के दावपेंचों को वे लोकतांत्रिक राजनीति में भी लागू करते,

लेकिन स्वर्ण मुकुट धरकर पैदा हुआ, यह माधव शायद किसी और मिट्‌टी का बना था।

राजनीति में मध्यप्रदेश तथा देश में कांग्रेस की राजनीति में वे एक महत्वपूर्ण धुरी बनकर कांग्रेस को अपने योगदान से सिंचित करने एवं आवश्यकतानुसार उसकी रक्षा एवं उसे पोषित करने का उन्होंने प्रयास किया। माधवराव सिंधिया ने कांग्रेस को शक्तिशाली पार्टी बनाने के लिए अथक प्रयास किये। मध्यप्रदेश में कांग्रेस में गुटबाजी को समाप्त करने का उन्होंने भरसक प्रयास किया। कांग्रेस में एकता जगाने के लिए उन्होंने 1993 ई. में डबरा में एक सम्मेलन करवाया, जिसमें मध्यप्रदेश के सभी दिग्गज कांग्रेसी नेता शामिल हुए। डबरा सम्मेलन ने कांग्रेस की गुटबाजी समाप्त करने और एकता का पाठ पढ़ाने की एक अच्छी शुरुआत की। जिसका परिणाम 1993 ई. के मध्यप्रदेश विधानसभा चुनाव में कांग्रेस की जीत के रुप में सामने आया। 1996 ई. में हवाला काण्ड में नाम घसीटे जाने एवं कांग्रेस द्वारा टिकिट न देने पर उन्होंने कांग्रेस छोड़ दी और मध्यप्रदेश विकास कांग्रेस का गठन कर 1996 ई. के लोकसभा चुनावों में भारी बहुमत से विजय प्राप्त की। उसके बाद कांग्रेस अध्यक्ष सीताराम केसरी उन्हें कांग्रेस में लाये।

माधवराव सिंधिया अपनी काबिलियत एवं अपने दमखम पर राजनीति में आगे बढ़ते रहे। उन्होंने सदैव सीधी-सपाट राजनीति को बढ़ावा देने का प्रयास किया। उनका कोई भी भारी भरकम खेमा नहीं था, दबाव और ब्लैकमेल जैसे शब्द उनके राजनीतिक शब्दकोष में नहीं थे। बहुत कम मौके आए जब सिंधिया ने कोई राजनीतिक अभियान छेड़ा हो। वे न किसी के बैरी थे और न उनसे किसी का बैर था। सामने वाले से उनकी राय जुदा हो सकती थी, सोच भिन्न हो सकती थी, प्रतिबद्धताएँ अलग हो सकती थी, किन्तु परस्पर शिष्टाचार, प्रेम प्रीति में वे सबके साथ समान थे। मूल्यहीन हो रही राजनीति का कु-चलन उन्हें कभी प्रभावित नहीं कर पाया। छल-कपट और उठापटक उनकी मंजिल के मील के पत्थर कभी नहीं बने। मानवीय पहलू को ध्यान में रखकर और उस पर चलकर ही उन्होंने अपनी मंजिल को हासिल किया था।

महासचिव

माधवराव सिंधिया को 1997-98 ई. में अखिल भारतीय कांग्रेस महासमिति का महासचिव बनाया गया, साथ ही 1997 में अखिल भारतीय कांग्रेस की कार्यसमिति के सदस्य भी बनाया गया। कांग्रेस पार्टी के महासचिव के रुप में उन्हें उड़ीसा, महाराष्ट्र, राजस्थान आदि राज्यों का प्रभारी बनाया गया। उन्होंने अपनी कुशल कार्यशैली से इन राज्यों में कांग्रेस को मजबूती प्रदान की। इसी कारण कांग्रेस में उनकी हैसियत लगातार बढ़ती गई और लोकप्रिय नेता की छवि के साथ-साथ पार्टी के संचालन में उनकी कुशलता को भी व्यापक मान्यता मिली।

उपनेता

माधवराव सिंधिया को 1999 ई. में तेरहवीं लोकसभा में कांग्रेस का उपनेता, कांग्रेस पार्टी ने बनाया। लोकसभा में कांग्रेस पार्टी के उपनेता के तौर पर उनकी प्रभावशाली भूमिका को उनके विरोधियों ने भी सराहा था। सिंधिया ने विदेशनीति, अर्थनीति और सुरक्षा के सवाल पर प्रभावशाली हस्तक्षेप कर सरकार को कटघरे में खड़ा किया। कांग्रेस के उपनेता के रुप में उन्होंने संसदीय बहस तथा संसदीय प्रक्रियाओं के मामले में नेता प्रतिपक्ष सोनिया गांधी को अपना कुशल अनुभवी सहयोग दिया। माधवराव सिंधिया संसद में विरोधीपक्ष को उतना ही महत्वपूर्ण मानते थे, जितना कि शासक दल को! क्योकि विरोधी पक्ष ही शासकीय नीतियों और उनके क्रियान्वित करने के तरीकों का वास्तविक मंथन कर सकता हैं और शासन को सही मार्ग दिखाता हैं। लोकतंत्रीय प्रणाली में विरोधीपक्ष शासक दल को निरंकुशता और तानाशाही की परिधि से दूर रखता हैं।

संसद एवं लोकतंत्र

माधवराव सिंधिया का संसद एवं संसदीय शासन प्रणाली में अटूट विश्वास था। वे भारत जैसे विशाल देश के लिए इसे उपयुक्त मानते थे। उनकी मान्यता थी कि हमारी संसद इस विशाल भारत का

एक संक्षिप्त रुप हैं, जिसमें हर भाषाभाषी एवं परिवेश के लोग हैं। तरह-तरह के अलगाव होते हुए भी उनमें संस्कृति की समानता हैं, जो सबको एकता के सूत्र में बाँधे हुए हैं। भारतीय जनतंत्र में संसद के महत्व के बारे में उनका कहना था कि जनता की घोर नाराजगी एवं अशांत वातावरण के समय, संसद के वाद-विवाद एवं परिसंवाद, इस गुबार और आक्रोश को, 'सेफ्टी वाल्व' का कार्य करके जनाक्रोश को शांत करती हैं।

माधवराव सिंधिया ने जनता के प्रतिनिधि के रुप में 1971-2001 ई. तक लगातार 30 वर्षो तक संसद में प्रतिनिधित्व किया। वे एक चाक चौबन्द सांसद के रुप में जाने जाते थे। संसद में वे हमेंशा ठोस तैयारी करके जाते थे, उन्होंने सदैव संसदीय गरिमा को बनाये रखा।

माधवराव सिंधिया की लोकतंत्र में गहरी आस्था थी। वे प्रजातंत्र को एक प्रकार का 'वैलेंसिंग एक्ट' मानते थे, जो प्रजा अपना मत देकर करती हैं। वे लोकतांत्रिक मूल्यों और सिद्धान्तों पर सदैव चलते रहे और उसमें पूरा भरोसा अंत तक करते रहे। आजादी के बाद देश के अनेक राजे-रजवाड़ों के राजाओं एवं महाराजाओं ने राजनीति में प्रवेश किया। किन्तु वे भारतीय लोकतांत्रिक प्रणाली में सामंजस्य न बिठा सके! माधवराव ऐसा कर सके। उन्होंने समय की वास्तविकताओं को खुली आंखों से देखा और भविष्य को अतीत के हाथों गिरवी नहीं रखने दिया। माधवराव सिंधिया ने जनता की नब्ज के मर्म को समझा और राजसत्ता को लोकसत्ता में समाहित कर ''राजनैतिक-इतिहास'' को एक नया पर्याय प्रदान किया।

केन्द्रीय मंत्रीमण्डल में मंत्री

माधवराव सिंधिया भारत सरकार के मंत्रीमण्डलों में तीन बार विभिन्न वर्षो में मंत्री रहे। राजीव गांधी मंत्रीमण्डल में 1984-1986 ई. तक रेल राज्य मंत्री एवं 1986-1989 ई. तक रेल राज्य मंत्री, स्वतंत्र प्रभार रहे। नरसिंहराव के मंत्रीमण्डल में 1991-1993 ई. तक नागरिक उड्डयन एवं पर्यटन मंत्री तथा 1995-1996 ई. तक मानव संसाधन एवं विकास मंत्री रहे।

संसद एवं मंत्रालयों की समितियों के सदस्य

माधवराव अपने लंबे तीस वर्षीय संसदीय जीवन में संसद एवं विभिन्न मंत्रालयों की समितियों के सदस्य रहे। 1980-83 ई. में विदेश मंत्रालय की सलाहाकार समिति के सदस्य, 1983-84 ई. में रक्षा मंत्रालय की सलाहाकार समिति के सदस्य, 1987-90 ई. में संवैधानिक सलाहाकार समिति, पंजाब राज्य विधानसभा एक्ट 1987 के सदस्य, 1989-91 ई. में अध्यक्ष, विज्ञान एवं तकनीकी विषय समिति एवं रक्षा मंत्रालय सलाहाकार समिति के सदस्य, 1996-98 ई. में रक्षा मंत्रालय की सलाहाकार समिति के सदस्य, रक्षा मंत्रालय की सलाहाकार समिति के सदस्य 2000 से अंत तक, विज्ञान एवं तकनीकी, पर्यावरण एवं वन्य और उप समिति गंगा एक्शन प्लान के सदस्य, प्रायवेट मेम्बर बिल और रेगूलेशन समिति के सदस्य, इस प्रकार माधवराव सिंधिया ने उक्त समितियों के सदस्य रहकर अपनी महत्वपूर्ण सलाह देकर देश की बहुमूल्य सेवा की।

माधवराव सिंधिया ने अपने जीवनकाल में अनेक ऐसी उपलब्धियाँ अर्जित की, जिनपर गर्व किया जा सकता हैं। उन्होंने अपने जीवन की सार्थकता को समाज एवं देश के सामने प्रमाणित कर दिया था, वस्तुतः जन्म लेना उसी का सार्थक माना जाता है, जिसके जन्म लेने से वंश की, समाज की और राष्ट्र की उन्नति हो।

मृत्यु

माधवराव सिंधिया की मृत्यु एक विमान दुर्घटना में हुई। जब वे उत्तरप्रदेश के विधानसभा चुनावों में कांग्रेस के प्रचार हेतु दिल्ली से कानपुर जा रहे थे। माधवराव सिंधिया का विमान दिन में 12:30 बजे दिल्ली से कानपुर के लिए चला और 1:20 बजे मैनपुरी जिले के भोगाँव पुलिस थानाक्षेत्र के भैंसटोली गाँव के निकट दुर्घटनाग्रस्त हुआ। यह जिंदल कंपनी का बी क्राफ्ट किंग एअर सी-90 विमान था, जो 24 वर्ष पुराना था और जिसे छः दिन पूर्व ही उड़ान भरने का प्रमाण-पत्र दिया गया था। 30 सितम्बर, 2001 को हुई इस दुर्घटना के समय उनकी आयु 56 वर्ष, 6 माह, 19 दिन की थी। इतिहास

से विदित है कि दीर्घायु और सिंधिया राजवंश का कोई अच्छा संयोग नहीं रहा। माधवराव के दादा एवं पिता दोनों ही की चालीस वर्ष की आयु में मृत्यु हो गयी थी। सिंधिया राजवंश में वे पहले व्यक्ति थे, जिसने इतनी आयु पाई थी साथ ही, सिंधिया राजवंश में वे पहले व्यक्ति थे, जिन्होंने अपने पुत्र का विवाह देखा और फिर अपने पौत्र को देखा।

माधवराव सिंधिया की अचानक मृत्यु से सारा देश अवाक् रह गया और प्रधानमंत्री अटल बिहारी वाजपेयी ने कहा, 'वज्रपात हो गया! क्या काल भी इतना क्रूर हो सकता हैं?' 4 अक्टूबर, 2001 में सिंधिया का अंतिम संस्कार ग्वालियर के छत्री परिसर में किया गया। इस अवसर पर प्रधानमंत्री सहित कई केन्द्रिय मंत्री एवं सवा सौ से अधिक सांसदों के साथ हजारों लोगों का हुजूम मौजूद था। गांधी-नेहरु परिवार के बाद ऐसी अंतिम बिदाई देश में किसी को नहीं मिली थी। कृत्यज्ञ राष्ट्र की सर्वोच्च संस्था संसद ने 19 नवम्बर, 2001 को सिंधिया को भावभीनी श्रृद्धांजली दी। भारत सरकार ने उनकी याद में 10 मार्च, 2005 को पाँच रुपये मूल्य का माधवराव सिंधिया का चित्र युक्त डाक टिकिट जारी किया।

ग्वालियर के इस सपूत, दैदीप्तिमान सूर्य एवं प्रेरणा श्रोत को जीवाजी विश्वविद्यालय, ग्वालियर परिवार ने अश्रुपूरित श्रद्धा सुमन इस प्रकार अर्पित किये-

जो सूरज था, मगर था चाँद सा प्यारा,
था, शीतल चाँदनी सी धूप में लिपटा हुआ सूरज।
जहाँ खोये नहीं जुगनू न तारे बुझ सके लेकिन,
वहाँ पर यूँ अचानक रास्ते में क्यों बुझा सूरज।।

चतुर्थ अध्याय 4

माधवराव सिंधिया का प्रशासनिक क्षेत्र में योगदान

माधवराव सिंधिया ने केन्द्रीय सरकार में विभिन्न मंत्रालयों में मंत्री के रुप में अपने प्रशासनिक कौशल का परिचय दिया। उन्होंने प्रशासनिक क्षेत्र में अपनी विशिष्ट कार्यशैली एवं कुशल प्रबंधन से महत्वपूर्ण योगदान प्रदान किया। उनकी प्रशासनिक कार्यप्रणाली की प्रशंसा मंत्रालयों के अधिकारी एवं उनके उत्तराधिकारी मंत्री भी करते थे। वे जिस किसी भी विभाग के मंत्री रहे, उस विभाग की संपूर्ण बारीकियों की जानकारी प्राप्त करने के लिये विभागों में देर रात तक बैठकर कार्य करते थे। उन्होंने निम्नलिखित मंत्रालयों में कार्य किया–

1. 1984 – 1986 ई. तक केन्द्र में रेलराज्य मंत्री
   1986 – 1989 ई. तक केन्द्र में रेलराज्य मंत्री (स्वतंत्र प्रभार)
2. 1991 – 1993 ई. तक केन्द्र में नागरिक उड्डयन एवं पर्यटन मंत्री (केबीनेट स्तर)
3. 1995 – 1996 ई. तक केन्द्र में मानव संसाधन एवं विकास मंत्री (केबीनेट स्तर)

रेल मंत्रालय

माधवराव सिंधिया, राजीव गांधी के प्रधानमंत्री काल में सर्वप्रथम 1984–86 ई. तक रेल राज्यमंत्री के पद पर रहे। उनकी योग्यता,

कार्यशैली एवं प्रशासनिक क्षमता से प्रभावित होकर राजीव गांधी ने उन्हें रेल राज्यमंत्री, स्वतंत्र प्रभार का दायित्व 1986 ई. में सौंपा। जिस पद पर वह 1989 ई. तक सरकार के रहने तक रहे। रेल मंत्रालय में रहते उन्होंने अपनी संपूर्ण कार्यक्षमता एवं प्रशासनिक कौशल का परिचय दिया, जिससे रेलवे की कार्यप्रणाली पर खासा प्रभाव पड़ा। उन्होंने रेल मंत्रालय एवं उसकी कार्यशैली को अच्छी तरह से समझने के लिए अत्यधिक परिश्रम किया। उनकी कार्य कुशलता का लोहा इसी से माना जा सकता है कि राजीव गाँधी के प्रधानमंत्रित्व काल में हुए 38 फेरबदलों से वे पूर्णतः अप्रभावित रहे।

रेल मंत्रालय में रहते उन्होंने अनेक नवीन कार्यों को अंजाम दिया। अपनी कार्यशैली से उन्होंने रेलवे में जान फूंक दी। माधवराव सिंधिया यह भली-भांति जानते थे कि रेल भारतीय अर्थव्यवस्था के साथ-साथ राष्ट्रीय परिवहन की रीढ़ है। रेलों ने राष्ट्र के औद्योगिक विकास और राष्ट्रीय एकता के लिए महत्वपूर्ण योगदान दिया है। देश का आर्थिक, कृषि और औद्योगिक विकास भारतीय रेलों के विकास और समृद्धि के साथ जुड़ा हुआ है।

मंत्रालय की कार्यशैली में सुधार

रेलमंत्री की देखरेख में रेलवे बोर्ड भारत की रेलों के प्रशासन और प्रबंधन की जिम्मेदारी संभालता हैं, सिंधिया जी ने रेलवे बोर्ड को चुस्त-दुरुस्त रखा। कार्य संपादन की उनकी क्षमता अद्‌भुत थी। वे हर कार्य को बड़ी सहजता से कर लेते थे। समय का प्रबंधन भी उनका गजब का था। उनका हर उद्‌देश्य साफ परिभाषित होता था और निश्चित रुप से जनहित एवं देशहित में होता था। रेल मंत्रालय के बड़े अफसर सिंधिया जी के कुशल प्रशासन से सदैव प्रभावित रहे। सिंधिया जी ने अपने सौम्य स्वभाव से छोटे अफसरों और असली मोर्चे पर ड्यूटी निभाने वाले निचले स्तर के कर्मचारियों के दिलों में अपनी विशिष्ट जगह बना ली थी। माधवराव छोटी-छोटी बातों की भी तह में जाया करते थे और यह सुनिश्चित करते थे कि उनके आदेशों पर अमल हो। उनकी याद्‌दाश्त भी काफी तीव्र थी और वे कभी भी किसी भी परियोजना के बारे में मय तारीख के पूंछ लेते थे कि उस

तारीख तक वह पूरी हुई या नहीं। इसलिए रेलवे बोर्ड के अफ़सरों को हमेशा उनके समक्ष सतर्क रहना पड़ता था। सच तो यह है कि रेलवे बोर्ड के सदस्य उन्हें मंत्री के तौर पर कम 'सुपर चेयरमैन' के तौर पर ज्यादा देखते थे। वस्तुतः रेल मंत्रालय की कार्यशैली में आधुनिकता पिरोने की पहल का नाम था माधवराव सिंधिया। उन्होंने रेल मंत्रालय में मैनेजिंग डायरेक्टर की तरह काम किया और अधिकारियों के सच्चे हिमायती के रुप में सराहना पाई। अफसरों का फाइलें ले लेकर उनके कमरे की ओर भागना बंद हो गया। सभी की टेबल पर स्पीकर फोन वाले टेलीफोन लगवा दिए गए थे, जिस अफसर से जानकारी लेनी होती टेलीफोन पर लेते थे। अफसर भागकर आना चाहता तो मना कर देते, यह कहकर कि आप अपने काम का नुकसान मत कीजिए, फोन पर ही बता दीजिए। उनकी इस आदत से कमरे से बाहर समय बिताने वाले अफसरों की जान साँसत में हो गई थी। कुछ लोग कहते थे, कि यह मंत्री है कि चौकन्ना रखने की मशीन। रेल मंत्रालय में अभी भी वही पद्धति और टेलीफोन प्रणाली चालू है।

स्वदेशी कारखानों में निर्माण को प्रोत्साहन

माधवराव सिंधिया ने भारतीय रेलों के स्वदेशी निर्माण पर हमेशा जोर दिया। भारतीय रेलों के चार उत्पादन कारखाने हैं, जिनमें से चितरंजन रेल इंजन कारखाना, चितरंजन में बिजली इंजन, डीजल रेल इंजन कारखाना, वाराणसी में डीजल रेल इंजन सवारी डिब्बा कारखाना, पेगम्बूर (मद्रास) में कोचिंग स्टॉक और बैंग्लूर स्थित पहिया और धर संयंत्र पहिये और धुरों का निर्माण होता है। पटियाला में डीजल, कल पूर्जा, कारखाने की व्यवस्था की गई। इसके अतिरिक्त कोचिंग स्टॉक के निर्माण के लिये कपूरथाला में एक और रेल कोच फैक्ट्री का प्रावधान किया गया। सिंधिया ने स्वदेशी तकनीक के आधुनिकीकरण की व्यापक योजना भी बनायी थी।

आधुनिकीकरण

रेल राज्य मंत्री स्वतंत्र प्रभार मिलने के बाद उन्होंने रेलवे के

आधुनिकीकरण की व्यापक योजना बनायी। रेलवे के बारे में उनकी पन्द्रह वर्षीय योजना थी। वे आधी रात तक अपने सहयोगियों के साथ बैठकर घण्टों तक रेलवे की योजनाओं के बारे में चर्चा किया करते थे। माधवराव ने रेलवे के आधुनिकीकरण पर अत्यधिक बल दिया और उस पर अमल करने के लिए स्वयं सदैव तत्पर रहे। रेलवे के आधुनिकीकरण एवं नवीन प्रौद्योगिकीकरण हेतु राजस्व के बारे में वे अपने दृष्टिकोण में आशावादी थे। उन्होंने कार्य शक्ति का भरपूर उपयोग कर रेलवे की कार्यक्षमता को बढ़ाया एवं उसका पूरा उपयोग किया। सिंधिया जी कहते थे कि हम वित्तीय रुप से काफी मजबूत है। उन्होंने रेलवे का बेहतर प्रबंधन कर राजस्व में बढ़ोत्तरी की।

रेलवे के विकास के लिए वृहद योजना तथा उसके क्रियान्वयन की पूर्ण रुपरेखा माधवराव सिंधिया ने बनायी। रेलवे का कम्प्यूटरीकरण, विद्युत चलित रेलें, नये अधिक शक्तिशाली हॉर्स पावर वाले इंजन, पुराने ट्रेकों के स्थान पर नये ट्रेकों की व्यवस्था, आदर्श रेलवे स्टेशनों का विकास, नयी रेल लाईनों का विकास, तेज गति की रेल गाड़ियों को चलाना, यात्रियों को बेहतर रेल सुविधा देना, रेलों में साफ-सफाई, रेल आरक्षण में सुधार, रेलों में यात्रियों को अच्छे भोजन की व्यवस्था, रेलवे पूछताछ में सुधार, रेलवे में अच्छे एनाउंसर की व्यवस्था आदि माधवराव सिंधिया की योजना में शामिल था। माधवराव सिंधिया ने अपनी इन योजनाओं पर त्वरित ढंग से कार्य किया एवं उनके कार्यान्वयन को सुनिश्चित किया।

रेलवे का कम्प्यूटरीकरण

रेलवे का कम्प्यूटरीकरण माधवराव सिंधिया की महत्वाकांक्षी योजनाओं में शामिल था। रेल राज्य मंत्री के स्वतंत्र प्रभार मिलने के बाद उन्होंने इस योजना पर व्यापक रुप से ध्यान दिया। वास्तव में यह रेलवे के आधुनिकीकरण के लिए किये गये प्रयासों में से एक महत्वपूर्ण कार्य था। रेलवे के पूर्णतः कम्प्यूटरीकरण से रेलों के बारे में संपूर्ण सूचना कम्प्यूटर पर आसानी से उपलब्ध हो सकी। रेलों के संचालन में सुविधा हो सकी एवं रेलवे समय सारणी में सुधार संभव हो सका। वर्तमान में रेलवे का पूर्ण कम्प्यूटरीकरण हो चुका है एवं

रेलवे इस योजना का भरपूर उपयोग कर रही है। यह माधवराव सिंधिया की दूरदृष्टि एवं प्रबंधन का सुपरिणाम है। इस सेवा के प्रारंभ हो जाने से देश के किसी भी जगह से यात्री, कहीं के लिए भी आरक्षण करवा सकते है। यह विश्व में सबसे बड़ी कम्प्यूटरीकृत सेवा है।

रेलवे में कम्प्यूटर आरक्षण की व्यवस्था करना माधवराव सिंधिया का क्रांतिकारी कदम था। यह उपभोक्ताओं को प्रत्यक्ष रुप से प्रभावित करता है। पंन्तियों में लगने वाले प्रतीक्षा समय में सुधार, कदाचार की घटनाओं में कमी, आरक्षण व्यवस्था में पारदर्शिता इससे आयी। इस दिशा में स्टेशनों पर कम्प्यूटर द्वारा आरक्षण करने के अतिरिक्त आरक्षण कार्यालयों की व्यवस्था वर्तमान काउण्टरों की सेवा में वृद्धि तथा आवश्यकतानुसार आरक्षण कार्यालयों के काम के समय में बढ़ोत्तरी करने जैसे कदम उन्होंने उठाये। प्रारंभ में कलकत्ता, बम्बई, मद्रास, हैदराबाद, बैंग्लूर, भोपाल, अहमदाबाद और लखनऊ में कम्प्यूटरीकरण द्वारा आरक्षण किये जाने की व्यवस्था की गई थी। इलाहाबाद, औरंगाबाद, कोयम्बटूर, काकीनाड़ा, रजामुंदी, राजकोट, सिकन्दराबाद, तिरुपति, विजयवाड़ा, गोरखपुर, गुवाहाटी, ग्वालियर, पटना, पुणे जैसे आरक्षण कार्यालयों में टोकन प्रणाली जारी की गई थी।

ग्वालियर स्टेशन से रेलों में आरक्षण की वृद्धि

माधवराव सिंधिया ने रेलवे में सुविधाओं के विस्तार के समय ग्वालियर को सर्वोच्च प्राथमिकता प्रदान की। रेलवे में आरक्षण के तहत गाड़ियों में शयनयान में शायिकाओं के आरक्षण की व्यवस्था थी किन्तु उन्होंने अपने कार्यकाल के दौरान इसकी संख्या में भारी वृद्धि की और हर श्रेणी के शयनयानों में बढ़ोत्तरी की। जिससे ग्वालियर की जनता को अत्यधिक लाभ एवं सुविधा मिली। आरक्षण में जो परेशानी होती थी, लेन-देन चलता था, उसे भी समाप्त करने की दृष्टि से नवीन टोकन प्रणाली प्रारंभ की गई, जिससे अब आरक्षण के पूर्व ही आरक्षण की स्थिति से आश्वस्त हुआ जा सकता था। ग्वालियर स्टेशन पर आरक्षण के लिए आरक्षण काउन्टर्स में भी बढ़ोत्तरी करके अतिरिक्त आरक्षण काउण्टर बनाये गये।

पूछताछ व्यवस्था में सुधार

माधवराव ने स्टेशनों पर पूछताछ कार्यालय को भी चुस्त-दुरुस्त किया। उनका मानना था कि इससे यात्रियों को बेवजह परेशानी का सामना नहीं करना पड़ेगा और उन्हें सही सूचना, सही समय पर मिल सकेगी। ग्वालियर सहित अन्य स्टेशनों पर पूछताछ कार्यालयों में सुधार किया गया। उनमें अतिरिक्त टेलीफोन लगाये गये। गाड़ियों की स्थिति दर्शाने के लिए 'डिजिटल बोर्ड' लगाया गया, जो प्रकाशमान रहकर सही स्थिति बताता है। रेडियो से भी लम्बी दूरी की गाड़ियों की स्थिति की जानकारी दी जाने लगी। पूछताछ कक्ष का रुप सुधारकर अच्छी साज सज्जा की गई। इन प्रयासों से यात्रियों की परेशानी दूर हो सकी और वे रेलों की सूचना एवं सही समय का ज्ञान आसानी से प्राप्त कर सकते थे।

स्टेशनों पर यात्री सुविधा में सुधार

माधवराव सिंधिया ने स्टेशनों पर यात्रियों को होने वाली असुविधाओं की ओर ध्यान दिया तथा अधिकारियों की सलाह एवं सुझावों पर अमल करने के लिये स्वयं स्टेशनों का बारीकी से भ्रमण कर सुधार किये एवं सुविधाएँ उपलब्ध करवायी। स्टेशनों पर पीने के पानी की समुचित व्यवस्था तथा इसकी उपलब्धता सुनिश्चित करने के लिये चल ट्रालियों तथा पानी पिलाने वाले व्यक्तियों की व्यवस्था की गयी। यात्रियों को अच्छा भोजन और सेवा सुनिश्चित करने के लिये रसोईघरों का आधुनिकीकरण करवाया।

आदर्श रेलवे स्टेशन

आदर्श रेलवे स्टेशन माधवराव सिंधिया की एक और अभिनव पहल थी। वास्तव में उनका यह प्रयास रेलवे की सूरत और सीरत दोनों को बदलने के लिये था। रेलवे स्टेशनों के आकर्षणहीन एवं बदबूदार वातावरण से यात्रियों में रेलवे के प्रति कोई आकर्षण न था। मॉडल रेलवे स्टेशन बनाकर उन्होंने पर्यटकों एवं सैलानियों को आकर्षित करने की अंतर्निहित क्षमता को पहचाना। उन्होंने रेलवे

स्टेशनों के आधुनिकीकरण करने की व्यापक योजना पर काम करना प्रारंभ किया। उनके कार्यकाल में देश के 66 रेलवे स्टेशनों को आदर्श स्टेशन के तौर पर विकसित करने के लिए चुना गया।

मॉडल रेलवे स्टेशनों पर यात्रियों की सुविधाओं के लिए वृहद स्तर पर सुधार किये गये थे। रेलवे स्टेशनों की ईमारतों को खूबसूरत ढंग से प्राचीन वास्तुकला से सामंजस्य रखकर निर्मित कराया गया। उनकी साज सज्जा बड़े आकर्षक ढंग से की गयी, ताकि वे देखने में यात्रियों को आकर्षक लगें। मॉडल रेलवे स्टेशनों पर साफ-सफाई का विशेष प्रबंध किया गया। मॉडल स्टेशनों पर नवीन एवं आधुनिक प्लेटफॉर्मो का निर्माण किया गया। स्टेशनों पर उड़ने वाले कीटाणु एवं मक्खियों को मारने के लिए विशेष इलेक्ट्रॉनिक उपकरण लगाये गये। यात्रियों के रेलवे स्टेशन पर रुकने के लिए विशेष कक्ष बनाये गये एवं उनमें सुविधाओं की व्यवस्था की गयी। यात्रियों के लिए अच्छे, स्वच्छ एवं स्तरीय भोजनादि की व्यवस्था का इंतजाम किया गया। स्टेशनों पर पानी की व्यवस्था का व्यापक इंतजाम किया गया एवं फ्रीज का ठण्डा पानी यात्रियों को मिले इसकी व्यवस्था की गयी। मॉडल रेलवे स्टेशनों पर यात्रियों की सुविधाओं को दृष्टिगत रखते हुए अतिरिक्त एवं स्तरीय प्रसाधन भवनों का निर्माण कराया गया। इनमें स्वच्छता का विशेष ध्यान रखा गया।

आदर्श रेलवे स्टेशनों पर मनोरंजन की सुविधाओं का विकास करते हुए रंगीन टेलीविजन लगाये गये। इन टी.व्ही. सेटों के माध्यम से मनोरंजन के साथ-साथ रेलवे समय सारणी एवं रेलवे की विशेष सूचना भी प्रदान की जाती थी। मॉडल रेलवे स्टेशनों के परिसर में उच्च स्तम्भ पर प्रकाश व्यवस्था की गयी, ताकि पूरा परिसर रात्रि में दिन के समान दिखाई दे। मॉडल रेलवे स्टेशनों पर नवीन ओवर ब्रिज, सुविधायुक्त प्लेटफॉर्म, रेलवे कॉलोनी आदि स्थानों पर अच्छे अतिआधुनिक सोडियम लैम्प्स लगाए गए। रेलवे कॉलोनी की चाहर दीवारी बनाकर नामपट्ट तथा रेलवे चिन्ह प्रवेश द्वार पर लगाए गए। प्लेटफॉर्म पर लगी पुरानी घड़ियों को हटाकर इलैक्ट्रोनिक घड़ियों की व्यवस्था की गई। प्लेटफॉर्म तथा माल गोदाम पर टेलीफोन यात्रियों के लिए उपलब्ध कराए गए।

ग्वालियर स्टेशन का आदर्श स्टेशन के रुप में विकास

माधवराव सिंधिया ने रेलवे के आधुनिकीकरण के समय ग्वालियर का हमेंशा विशेष ध्यान रखा। मॉडल रेलवे स्टेशनों की अवधारणा का रसास्वादन उन्होंने ग्वालियर स्टेशन को भी कराया। ग्वालियर रेलवे स्टेशन समय के साथ बढ़ती आवश्यकताओं के अनुसार विकास न कर सका। यातायात की बढ़ोत्तरी के अनुरुप स्टेशन पर कोई भी बढ़ोत्तरी नहीं हुई और अभाव तथा अव्यवस्थाएँ बढ़ती गयी। ऐसा लगने लगा था जैसे ग्वालियर का स्टेशन किसी छोट-मोटे गाँव का स्टेशन हो। वहीं मनुष्य को पानी के दर्शन दुर्लभ हो जाते थे किन्तु समय ने करवट ली और उसे एक लगनशील कर्मठ तथा उसकी पीड़ा को महसूस करने वाला ग्वालियर का ही सपूत माधवराव सिंधिया के रुप में मिला। उन्होंने ग्वालियर स्टेशन के विकास का बीड़ा उठाया, संकल्प लिया और पूरे जीवट से जुट गये। परिणामस्वरुप तीन चार वर्षो में ही ग्वालियर रेलवे स्टेशन की सूरत बदल गयी। रंगीन टेलीविजन, यात्रियों के लिए अतिरिक्त सुविधाओं की उपलब्धता, खूबसूरत बिल्डिग, नवीन प्लेटफॉर्मो का विकास, कम्प्यूटरीकृत टिकिट बुकिंग, खानपान की अच्छी व्यवस्था, पूछताछ खिड़की पर इलैक्ट्रोनिक बोर्ड, स्टेशन पर विशेष साफ-सफाई की व्यवस्था, खूबसूरत बुकस्टॉलों की व्यवस्था पब्लिक टेलीफोनों की बेहतर व्यवस्था, अच्छी पार्किंग व्यवस्था, खूबसूरत एवं लम्बा चौड़ा मैदान रेलवे स्टेशन पर उच्च स्तम्भ पर प्रकाश की व्यवस्था आदि सभी कार्य माधवराव सिंधिया ने ग्वालियर स्टेशन के विकास के लिए किये। कुछ वर्षो पूर्व स्टेशन पर उतरने वाले बाहरी ही नहीं अपितु ग्वालियर नगर के जन्मजात निवासी भी ग्वालियर स्टेशन को देखकर कभी-कभी भ्रम में पड़ जाते है कि वे दिल्ली या बम्बई जैसे किसी अन्य स्टेशन पर तो नहीं उतर गए। विकास की यह कहानी माधवराव सिंधिया की देन हैं।

माधवराव सिंधिया ने ग्वालियर रेलवे स्टेशन एवं उसके आसपास रेलवे से संबंधित अनेक कार्यो को साकार रुप प्रदान किया। स्टेशन पर तीसरे एवं चौथे प्लेटफॉर्म का निर्माण, लदान प्लेटफार्म का निर्माण, ताज एक्सप्रेस के लिए टर्मिनल सुविधा प्रदान करना, अप प्लेटफार्म तक पहुँचने वाली सड़क और निकटवर्ती क्षेत्र की मरम्मत

और विकास, दोनों प्लेटफार्मो पर ठण्डे पानी के कूलर लगाए गए। डाउन प्लेटफार्म पर खुली जगहों पर छत डाली गई। दोनों प्लेटफॉर्मो पर फर्श का नवीनीकरण, पानी सप्लाई में वृद्धि, उत्तर की ओर स्टेशन की ईमारत का विस्तार, रेलवे हॉकी स्टेडीयम का निर्माण एवं उसमें एस्ट्रोटर्फ बिछाना, स्टेशन की ईमारत के बाहरी हिस्सा में सुधार, टिकिट वितरण की नई खिड़की खोली गई, जी0 शेड में पब्लिक काल की सुविधा, जी0 शेड में काम का समय बढ़ाना। रेलों के विलम्ब संबंधी सूचनाओं का ग्वालियर आकाशवाणी से प्रसारण प्रारंभ, स्टेशन पर क्लोज सर्किट टी.व्ही. की सुविधा दोनों तरफ सभी दिशाओं के लिए टिकिट वितरण की व्यवस्था आदि सभी कार्य माधवराव सिंधिया ने किये।

रेलवे का विद्युतीकरण

रेलवे का विद्युतीकरण माधवराव सिंधिया की रेलवे के आधुनिकीकरण की योजना का एक प्रमुख हिस्सा था। रेलवे के विद्युतीकरण से तीव्रगति की रेलगाड़ियाँ चलायी जा सकती थी। माधवराव सिंधिया ने देश के विभिन्न रेल लाईनों के विद्युतीकरण के साथ-साथ मध्यप्रदेश में रेल विद्युतीकरण पर विशेष ध्यान दिया। फिर चाहे वह आगरा से भोपाल तक रेल लाईन का विद्युतीकरण की बात हो या उज्जैन से भोपाल रेल लाईन का विद्युतीकरण हो, मध्य प्रदेश में रेल सुविधा की बहतरी के लिए उन्होंने हमेशा प्रयास किये। रेलवे के विद्युतीकरण की योजना जो सिंधिया जी ने बनायी थी तथा उसका क्रियान्वयन भी सक्रियता से करवाया था। उसका परिणाम यह निकला कि उनके कार्यकाल के बाद भी यह योजना देश में प्रमुखता से जारी रही और अब लगभग देश के अधिकांश प्रमुख रेल लाईनों का विद्युतीकरण हो चुका है।

नई रेल लाइनों का निर्माण

रेलवे के आधुनिकीकरण करते समय माधवराव सिंधिया ने नवीन रेल लाईनों के विकास का पूरा ध्यान रखा। उन्होंने पुरानी रेल

लाईनों की जगह नयी रेल लाईनों को बिछाने का कार्य करवाया। छोटी रेल लाईनों को बड़ी रेल लाईनों में परिवर्तित करवाया। माधवराव सिंधिया ने पुराने ट्रेकों के स्थान पर नवीन ट्रेक बिछाने को एक बड़ी जिम्मेदारी माना। इस कार्य को उन्होंने बड़ी तत्परता से किया। प्रतिवर्ष दो हजार कि.मी. नये ट्रेक, पुराने ट्रेको की जगह बदलने की योजना बनायी। माधवराव सिंधिया ने देश में तेजी से पटरी के दोहरीकरण का कार्य करवाया। गुना-इटावा, कोटा-नीमच, इंदौर से मक्सी, इंदौर से झाबुआ, दाहोद सभी रेलवे लाईनों को स्वीकृति उनके कार्यकाल में मिली। माधवराव सिंधिया ने देश के सुदूरपूर्व के हिस्सों एवं विकास की दृष्टि से पिछड़े इलाकों को देश की मुख्य धारा से जोड़ने का प्रयास अपने कार्यकाल में किया।

गुना-इटावा रेलवे लाईन

गुना-इटावा रेलवे लाईन माधवराव सिंधिया का सपना था, जिसे असंभव कार्य माना जा रहा था। रेल मंत्री बनते ही सिंधिया जी ने अपने सपने गुना-इटावा रेल लाईन को स्वीकृत्ति प्रदान की और इस योजना पर पूरा ध्यान दिया। इस रेल लाईन के निर्माण से विकास की दौड़ में पिछड़े इलाकों में आर्थिक विकास हो सका।

गुना-इटावा रेल लाईन का निर्माण, गुना से भिण्ड तक पूर्ण हो चुका है। यह रेल लाईन पंद्रह वर्षो में बनकर तैयार हुई। इस लाईन का उद्‌घाटन 14 नवम्बर 1999 को माधवराव सिंधिया की उपस्थिति में तत्कालीन रेलमंत्री ममता बनर्जी ने किया। इससे आर्थिक क्षेत्र में प्रगति को नयी दिशा मिली और क्षेत्रीय विकास भी संभव हो सका। वर्तमान में यह रेलवे लाईन भिण्ड तक पूर्ण होकर चालू है और भिण्ड-इटावा के बीच रेल लाईन पर कार्य जारी है, जो शीघ्रातिशीघ्र पूर्ण हो जायेगा। रेलमंत्री के रुप में सिंधिया जी का अंतिम जनसंपर्क कार्यक्रम अलप्पी अरणाकुलम लाईन का शुभारम्भ 1989 में करना था।

नवीन शक्तिशाली रेल इंजनो की व्यवस्था

माधवराव सिंधिया ने अपने कार्यकाल में अधिक शक्तिशाली डीजल एवं विद्युत संचालित इंजनों की व्यवस्था करवायी। उन्होंने डीजल एवं विद्युत इंजनों की क्षमता बढ़ाने के लिये विदेशी तकनीक आयात करने की योजना बनायी। माधवराव सिंधिया ने रेलवे में अधिक अश्वशक्ति के इंजनों की व्यवस्था करने के लिए योजना को कार्य रुप प्रदान किया। रेलवे ने फ्रांस एवं जर्मनी से विद्युत तकनीकी इंजन को अप-ग्रेड करने के लिए समझौते किये। इस प्रकार माधवराव सिंधिया ने अपनी योजना के तहत कोयले से संचालित वाष्प इंजनों के स्थान पर नवीन डीजल एवं विद्युत इंजनों को चलवाया।

सुपरफास्ट रेलगाड़ियाँ चलवाना एवं रेलों के नवीन स्टॉपेज बनाना

माधवराव सिंधिया ने अपने कार्यकाल में सुपरफास्ट रेलगाड़ियाँ देश के विभिन्न हिस्सों के लिए संचालित करवायी। तेज रफ्तार से चलने वाली देश की सबसे तेज रेलगाड़ी शताब्दी को चलवाया। शताब्दी रेल 19 फरवरी 1989 ई. को सर्वप्रथम दिल्ली-झाँसी के बीच चली। इसके चालक जी.आर. तलवलकर थे। सिंधिया ने अपने अथक प्रयासों से ताज एक्सप्रेस को आगरा से ग्वालियर लाये। इसके अतिरिक्त देश में अनेक स्थानों से उन्होंने सुपरफास्ट रेलगाड़ियाँ चलवायी एवं नवीन स्थानों पर स्टॉपेज करवाये। ग्वालियर से छपरा एक्सप्रेस चलवायी, ग्वालियर-श्योपुरकलां (छोटी लाईन) हेतु नयी डीजल इंजन सेवा प्रारंभ करवायी, दिल्ली-कानपुर के बीच सुपरफास्ट ट्रेन चलवायी, इन्दौर-बंबई के बीच सर्वप्रथम सीधी ट्रेन सेवा का शुभारंभ किया, मालवा एक्सप्रेस को दतिया व डबरा में स्टॉपेज करवाया नीमच से मीनाक्षी एक्सप्रेस को प्रतिदिन चलवाया, सारनाथ एक्सप्रेस को प्रतिदिन चलवाया, भोपाल-बिलासपुर के बीच सुपरफास्ट ट्रेन चलवायी, फ्रंटीयर मेल को भीवानी मंडी में रुकवाया, भोपाल के हबीबगंज रेलवे स्टेशन पर अनेक यात्री गाड़ियों का स्टॉपेज करवाया।

ग्वालियर स्टेशन से नवीन रेलगाड़ियों का संचालन एवं स्टॉपेज

माधवराव सिंधिया ने रेलमंत्री रहते ग्वालियर का हमेंशा ध्यान रखा। उन्होंने ग्वालियर रेलवे स्टेशन से अनेक रेलगाड़ियों को चलवाया एवं ग्वालियर रेलवे स्टेशन पर रुकवाया, जैसे कर्नाटक एक्सप्रेस, तमिलनाडु, चंबल, शताब्दी, ताज, अर्नाकुलम, निजामुद्दीन, छपरा, हीराकुंड, मंगला, आदि अनेक रेलगाड़ियों को ग्वालियर में रुकवाया। ताज एक्सप्रेस जो वर्षो से दिल्ली-आगरा के बीच चलती थी, जिसे वे केन्द्रीय मंत्रीमण्डल में रेल राज्यमंत्री के रुप में सम्मिलित होने के पूर्व ही ग्वालियर तक ले आए थे। इसी प्रकार छपरा एवं बुन्देलखण्ड एक्सप्रेस को ग्वालियर से चलवाकर उत्तरप्रदेश में स्थित अनेक तीर्थ स्थानों को ग्वालियर से जोड़ा।

नवीन कोचों की व्यवस्था

माधवराव सिंधिया ने रेलमंत्री रहते जनता की सुविधा का हमेंशा ध्यान रखा। रेल यात्रियों की प्रति वर्ष बढ़ती संख्या को दृष्टिगत रखते हुए, रेलों में नये कोचों की आवश्यकता हमेंशा बनी रहती थी। तत्कालीन समय में यात्रियों की सुविधा के अनुसार प्रतिवर्ष 2500 कोचों की आवश्यकता होती थी किन्तु रेलवे केवल 1200-1300 कोच ही उपलब्ध करा पाता था। अतः सिंधिया जी ने रेलवे अधिकारियों से अधिक से अधिक कोचों की वृद्धि के लिए कहा।

रेलों का समय से संचालन

माधवराव सिंधिया के कार्यकाल में रेलें समय पर चला करती थी। रेलों के समय के बारे में वे कहीं भी होते थे, जानकारी लेते रहते थे। देश की सभी महत्वपूर्ण गाड़ियों के छूटने का टाइम टेबल वे प्रत्येक शाम को मंगाया करते थे। यदि कोई रेलगाड़ी विलम्ब से प्रस्थान करती, तो इसका जवाब-तलब करने में वे देर नहीं करते थे। वे रेलगाड़ी में यात्रा करते समय ट्रेन के इंस्पेक्टर से गाड़ी की रफ्तार

और टाइम से चलने की जानकारी भी प्राप्त करते रहते थे। इस प्रकार सिंधिया की सतर्कता एवं कार्यशैली के कारण भारतीय रेलें उनके कार्यकाल में 93 प्रतिशत समय से चला करती थी। गाड़ियों के समय पर चलने के लिए उन्होंने *'डिस्क्राइल सिस्टम'* से गाड़ियों के प्रस्थान और आवागमन पर नियंत्रण रखने की तकनीक का प्रयोग अपने कार्यकाल में करवाया।

रेल उद्घोषणा में सुधार

माधवराव सिंधिया ने रेलवे में स्टेशनों पर होने वाले एनाउंसरों में सुधार के लिये प्रसिद्ध हिन्दी उद्घोषक जसदेव सिंह को एनांउसरो को ट्रेनिंग देने के लिए नियुक्त किया।

रेलों में भोजन व्यवस्था में सुधार

माधवराव सिंधिया ने रेलों में साफ-सफाई की ओर ध्यान देते हुये रेलों में मिलने वाले भोजन की साफ-सफाई एवं गुणवत्ता पर पूरा जोर दिया। उन्होंने खाना परोसने वाली व्यवस्था में सुधार किया। तत्कालीन समय में रेलवे में प्रतिदिन 2500 किलो खाना परोसा जाता था। खाने पकाने के लिए आधुनिक किचिनों की व्यवस्था ट्रेनों में की। इससे अच्छी गुणवत्ता का खाना यात्रीयों को मिल सका। रेलवे में गंदी थालियों में परोसा जाने वाला भोजन स्वच्छ पैकिंग *'कैसरोल'* में पेश करने की व्यवस्था उन्होंने करवायी।

रेलवे पुलों का निर्माण

माधवराव सिंधिया ने अपने कार्यकाल के दौरान अनेक रेल ओवर ब्रिज एवं अण्डर ब्रिजों का निर्माण कराया। मध्यप्रदेश में जितने ओवर ब्रिज बनाये गये है वे उनकी व्यक्तिगत अभिरुचि के बिना कभी संभव नहीं थे। मध्यप्रदेश में लगभग 23 रेल रोड़ ब्रिज उनके कार्यकाल में बने। मध्यप्रदेश देश का पहला राज्य है, जहाँ इतनी बड़ी तादात में रेल सेवाओं का विस्तार हुआ। माधवराव सिंधिया ने अकेले ग्वालियर शहर में तीन ओवर ब्रिज एवं एक अण्डर ब्रिज का निर्माण

कराया। ग्वालियर-चंबल संभाग में उन्होंने कुल छः ओवर ब्रिजों का निर्माण कराया। गुना एवं मुरैना में ओवर ब्रिज, विश्वविद्यालय रोड़ एवं बिरला नगर में दो ओवर ब्रिज (ग्वालियर में), ग्वालियर-डबरा मार्ग पर एक अंडर ब्रिज, डबरा नगर में ओवर ब्रिज, अशोक नगर में ओवर ब्रिजों का निर्माण कराया। ओवर ब्रिजों के निर्माण के समय सिंधिया जी ने जनता की भावना का पूरा ख्याल रखा।

नवीन कारखानों की स्थापना

माधवराव सिंधिया ने ग्वालियर के क्षेत्रीय विकास पर पूरा ध्यान देते हुये नवीन संस्थाओं एवं कारखानों की स्थापना करवाके क्षेत्र का आर्थिक विकास तेजी से किया। ग्वालियर के पास सिथौली रेलवे स्टेशन पर रेल स्प्रिंग कारखाना, बरेठा और बुधनी स्टेशनों पर कंक्रीट स्लीपर बनाने के कारखाने की स्थापना, ग्वालियर में रिपैयर, मेन्टेनेन्स और प्रोडक्शन टेक्नोलॉजी के केन्द्रीय संस्थान की स्थापना आदि माधवराव सिंधिया के कार्यकाल में किये महत्वपूर्ण कार्य है।

रेल दुर्घटना रोकने के उपाय

माधवराव सिंधिया ने अपने कार्यकाल के दौरान होने वाली रेल दुर्घटनाओं को रोकने के लिए अनेक प्रशासनिक एवं तकनीकी प्रबंध किये। माधवराव सिंधिया के कार्यकाल में रेल दुर्घनाओं में कमी आयी। 1985-86 ई. में रेल दुर्घटनाओं में जितनी कमी आई थी, उतनी कमी रेलवे के इतिहास में कभी नहीं आई थी। उस वर्ष की स्थिति में पिछले वर्ष की अपेक्षा सोलह प्रतिशत और सुधार आया था। रेलवे दुर्घटनाओं को रोकने के लिए माधवराव सिंधिया ने अपने कार्यकाल में *'दस सूत्रीय'* सुरक्षा योजना बनायी।

स्वतंत्रता सैनानियों को सुविधा

माधवराव सिंधिया ने अपने कार्यकाल में स्वतंत्रता सेनानियों को रेलवे में अनेक सुविधाएँ प्रदान की। स्वतंत्रता सेनानियों को निश्चित अवधि के लिए प्रथम श्रेणी का निःशुल्क पास देने की व्यवस्था उन्होंने

करवायी। स्वतंत्रता सेनानी अपने साथ किसी एक और व्यक्ति को भी साथ में निःशुल्क ले जा सकते थे।

कार्यक्षमता में वृद्धि

माधवराव सिंधिया के कार्यकाल में रेलवे की कार्यक्षमता एवं उसके कौशल का पूरा उपयोग कर अनेक उपलब्धियाँ अर्जित की। कोयला लदान के संबंध में अच्छा परिणाम सामने आया। इसे मंत्रिमण्डल समिति द्वारा भी अनुमोदित किया गया। भारतीय रेलवे वैंगनों के उपयोग के मामले में विश्व में सबसे आगे रही। रेलवे ने पिछ्ले वर्षो की अपेक्षा अधिक लाभांश कमाया एवं उसने लक्ष्य से अधिक माल भी ढोया।

विदेशों में रेलों का निर्माण

माधवराव सिंधिया ने अपने कार्यकाल के दौरान रेलवे की छवि को अत्यधिक ऊँचा उठा दिया था। इसी कारण उनके कार्यकाल में इंडियन रेलवे कंस्ट्रक्शन कंपनी (इरकॉन) ने विदेशों में अपनी तकनीकी का लोहा मनवाया। इरकॉन ने अपनी तकनीक का झण्डा अंतर्राष्ट्रीय स्तर पर लहराया और मलेशिया, इण्डोनेशिया, टर्की, अल्जीरिया, जाम्बिआ, बांग्लादेश तथा नेपाल में अधिकांश रेलवे निर्माण के ठेके लेकर रेल लाईने स्थापित की। माधवराव सिंधिया स्वयं इरकॉन प्रगति एवं कार्यपद्धति को देखने मलेशिया, टर्की और अल्जीरिया गये। माधवराव सिंधिया ने इरकॉन के अंतर्राष्ट्रीय ग्राहकों के बीच विश्वास जगाने के लिए अपना प्रगतिशील समर्थन प्रदान किया। माधवराव सिंधिया का कार्यकाल इरकॉन के लिए स्वर्णयुग के समान था।

विदेशों से तकनीकी सहयोग

माधवराव सिंधिया ने रेलवे के लिए आधुनिकतम तकनीक एवं अनुसंधान के लिए विदेशों से सहयोग प्राप्त किया। इस हेतु उन्होंने फ्रांस एवं जर्मनी से तकनीकी एवं आधुनिक प्रणालियां प्राप्त की। माधवराव सिंधिया की आस्ट्रेलिया यात्रा के दौरान अधिकारियों ने

आधुनिक तकनीक के इस्तेमाल के मामले में आपसी सहयोग बढ़ाने एवं दोनों देशों के अनुसंधान संगठनों के बीच आदान-प्रदान का प्रस्ताव रखा था।

नई संस्थाओं का गठन

सिंधिया युग में रेलवे में चार नई संस्थाओं, भारतीय रेलवे वित्त निगम, भारतीय कन्टेनर निगम, रेलवे सूचना व्यवस्था केन्द्र तथा भारतीय रेलवे कल्याण संगठन का गठन हुआ। इनमें से अंतिम वाला सुरक्षा बलों से संबंधित था तथा अन्य तीन नवीन अवधारणाएँ थी। भारतीय रेलवे वित्त निगम ने वर्तमान वर्षो में भारी प्रगति की।

चयन एवं नियुक्तियों में निष्पक्षता

माधवराव सिंधिया चयन तथा नियुक्तियों में किसी भी स्तर पर कोई राजनीतिक या बाहरी प्रभाव नहीं डालते थे। वे कई अवसरों पर महत्वपूर्ण स्थानों से दबाव के बावजूद दृढ़ रहते थे तथा रेलवे के पूर्णहित में कार्य करते थे। माधवराव सिंधिया ने निःसंदेह रुप से जोश, प्रबंध संबंधी कुशलता, एकरुपता तथा कठोर परिश्रम का परिचय दिया। इस प्रकार देश के इतिहास में संभवतः माधवराव सिंधिया का नाम इसलिए भी गौरव के साथ लिया जाता है कि केन्द्रीय मंत्री मण्डल में हुए अड़तीस परिवर्तनों से वे पूर्णतः अप्रभावित रहे।

क्षेत्रीय हितों पर ध्यान

माधवराव सिंधिया के ऊपर निरीक्षण करने वालों ने यह बात खोज निकाली थी कि वे मध्यप्रदेश के पक्ष में अपने मार्ग से काफी अलग हो चुके थे तथा ग्वालियर के बारे में भी ऐसा ही था, परंतु लगभग सभी रेलमंत्री अपने स्वयं के प्रान्तों तथा स्थानों के लिए कुछ न कुछ विशेष करते रहे है। यह तो माधवराव को श्रेय मिलना ही था कि उनके द्वारा अपने राज्य के प्रति की गई सभी व्यवस्थाओं को उचित ठहराया गया।

खेल प्रतियोगिता का आयोजन

माधवराव सिंधिया खेलों के प्रति अपने अनुराग को नहीं छोड़ सके। वे वास्तव में प्राकृतिक रुप से खेलों के सच्चे चहेते थे। उनके रेलमंत्रीत्व काल में नई दिल्ली में *'विश्व रेल खेल'* प्रतियोगिताएँ आयोजित की गयी।

कार्यों का मूल्यांकन

माधवराव सिंधिया के कार्यकाल में भारतीय रेलों ने प्रगति के सारे पुराने रिकॉर्ड तोड़े एवं पुराने आँकड़ों की तुलना में भारी वृद्धि हुई। भारतीय रेलवे में उन्होंने व्यावसायिकता, कार्मिक एकरुपता तथा खुलापन जैसे तत्वों को समाहित कर दिया था। भारतीय रेलवे के इतिहास में पहली बार एक ऐसा व्यक्ति मंत्री के पद पर आया, जो युवा, कार्य के प्रति समर्पित रहने वाला, कार्य करने की ऊर्जा से भरपूर, देश को अपनी सेवाएँ समर्पित करने को सदैव तत्पर रहा। उनका कार्यकाल बहुत असाधारण एवं उत्कृष्ट रहा। रेलमंत्री के रुप में उन्होंने ज्यादातर समय रेल भवन के अपने कक्ष में ही बिताया और देश के सबसे बड़े विभाग एवं एशिया की सबसे बड़ी तथा विश्व की चौथीं सबसे बड़ी रेल व्यवस्था का कायाकल्प कर दिया।

उन्होंने अपने रेल बजटों में जनता के प्रत्येक तबके का ध्यान रखा। स्वतंत्रता सैनानियों, सैनिकों की विधवाओं, विकलांगों, वृद्धजनों सभी का ध्यान रखा। उनकी सोच उच्च वर्ग से निम्न वर्ग तक को खुश रखने की थी। माधवराव सिंधिया ने अपने प्रशासनिक कौशल एवं कुशल प्रबंधन से रेल विभाग को लाभ के उपक्रम में बदल दिया था।

माधवराव सिंधिया ने अपने जीवन में नैतिक मूल्यों को सदैव सर्वोपरी रखा। 1983 ई. में केरल के त्रिवेन्द्रम में हुई रेल दुर्घटना से व्यथित होकर माधवराव सिंधिया ने अपना त्यागपत्र प्रधानमंत्री राजीव गांधी को सौंप दिया था। किन्तु राजीव गांधी ने उनका त्यागपत्र स्वीकार नहीं किया। वास्तव में माधवराव सिंधिया की नैतिकता, लालबहादुर शास्त्री की याद दिलाती हैं। माधवराव सिंधिया

ने रेलमंत्री रहते योग्यता, प्रबंधन एवं प्रशासनिक कौशल का अद्भुत परिचय दिया। इसी कारण वे राजीव मंत्रीमण्डल में एकमात्र स्थायी मंत्री रहे, पूरे पाँच साल तक। यह करिश्माई कमाल उन्होंने तब कर दिखाया, जब वह प्रशासनिक अनुभव के नाम पर कोरी स्लेट थे, देश को अनेक ख्यातिनाम रेलमंत्री मिले। लेकिन अद्वितीय रेलमंत्री के रुप में तो सिंधिया ही सुविख्यात हुए। रेल मंत्री जॉर्ज फर्नानडीज ने भी उनकी प्रशंसा की थी। वास्तव में उनकी यह तारीफ माधवराव सिंधिया की रेलवे के बारे में व्यापक समझ का परिचायक थी।

सार्वजनिक क्षेत्र के इस महत्वपूर्ण मंत्रालय पर माधवराव सिंधिया के व्यक्तित्व की छाप स्पष्ट रुप से देखी जा सकती है। निर्विवाद रुप से वह स्वतंत्रता के बाद के सर्वाधिक योग्य, कर्मठ और सफल रेलमंत्री सिद्ध हुए। उनकी प्रशासनिक योग्यता, कल्पनाशीलता, दूरदर्शिता और कर्मठता ने इस विशाल और समस्याग्रस्त सार्वजनिक क्षेत्र को सर्वाधिक सफल एवं लाभ का उपक्रम बना दिया था।

नागरिक उड्डयन एवं पर्यटन मंत्रालय

माधवराव सिंधिया, नरसिंहराव के प्रधानमंत्रीत्व काल में नागरिक उड्डयन एवं पर्यटन मंत्रालय में केबीनेट मंत्री रहे। वे इस पद पर 1991 से 1993 ई0 तक रहे। मंत्री पद संभालते ही माधवराव सिंधिया ने अपनी प्रशासनिक कार्यशैली का परिचय देते हुये, प्रशासनिक मशीनरी को चुस्त–दुरुस्त किया और दायित्वों के प्रति अधिकारियों एवं कर्मचारियों को गंभीर बनाये रखा। माधवराव सिंधिया ने नागरिक उड्डयन के क्षेत्र में प्रगति एवं प्रतिस्पर्द्धा को बढ़ाने के लिए इंडियन एअर लाईन्स और एअर इण्डिया में व्यावसायिक दृष्टिकोण अपनाया था। उन्होंने नागरिक उड्डयन मंत्रालय को एक नियमित तथा व्यवस्थित कार्यालय का रुप दिया और कार्यालयीन लोगों को भी कार्य के प्रति जिम्मेदार एवं जवाबदेह बनाने का प्रयास किया। उन्होंने जिस तरह से रेल भवन में उद्यमशीलता एवं लगन से कार्य करने का जज्बा पैदा किया था, उसी तरह का माहौल नागरिक उड्डयन मंत्रालय में भी पैदा कर दिया था।

माधवराव सिंधिया के हाथों में नागरिक उड्डयन क्षेत्र गतिशील

एवं प्रगतिशील होता गया। वे प्रशासनिक एवं तकनीकी जानकारियां लगातार लेते रहते थे। वे दिल्ली में होते तब भी एवं दिल्ली से बाहर फोन से मंत्रालय से संबंधित जानकारियाँ लेते रहते थे। माधवराव सिंधिया प्रति शनिवार कार्य के बिन्दुओं पर हुई प्रगति का कम्प्यूटर प्रिंटआउट लेते थे। माधवराव सिंधिया मंत्रालय से संबंधित प्रत्येक तथ्यों और बिन्दुओं पर अद्यतन जानकारी रखते थे। वे मंत्री के साथ-साथ एक सुपर सी.ई.ओ. की तरह कार्य करते थे।

एयरलाइन्स की साख में सुधार

माधवराव सिंधिया ने इण्डियन एयरलाइन्स एवं एयर इण्डिया की छवि सुधारने के लिए भरपूर प्रयास किया। उन्होने उड़ानों को ठीक समय से रवानगी करने एवं सही समय पर गंतव्य स्थल पर पहुँचने के लिये अधिकारियों को निर्देश दिये। माधवराव सिंधिया को उस समय बहुत दुःख हुआ, जब एयर इण्डिया की सेवाएँ इतनी खराब हो गई थी कि कुछ सांसदों ने उनसे कहा कि वे एअर इण्डिया से उड़ना नहीं चाहते है। तब उन्होंने एम.आर. शिवरमण (डी.जी.सी.ए., एयर इण्डिया) से एअर इण्डिया की गिरती हुई साख को बचाने के लिये कुछ करने के लिये कहा।

हवाई अड्डों का आधुनिकीकरण

माधवराव सिंधिया ने हवाई अड्डों के आधुनिकीकरण की योजना बनाई। वे भारतीय हवाई अड्डों पर अंतर्राष्ट्रीय स्तर की सुविधाएँ उपलब्ध कराना चाहते थे। आधुनिकीकरण के साथ-साथ हवाई अड्डों के रखरखाव के लिए अधिकारियों को हमेशा सचेत करते रहते थे। वे स्वयं वास्तुकारों और इंजीनियरों के साथ बैठते, डिजाइन पर विचार-विमर्श करते। वे इस बात पर विशेष जोर देते थे कि स्थानीयता बनी रहे। माधवराव सिंधिया ने हवाई अड्डो के आधुनिकीकरण की ओर पूरा जोर देने के लिए देश के बारह प्रमुख नगरों में आदर्श (मॉडल) हवाई अड्डे बनाने की योजना बनाई थी।

उड्डयन क्षेत्र का आधुनिकीकरण

माधवराव सिंधिया ने एयर इण्डिया और इण्डियन एयरलाइन्स को और अधिक सक्षम एवं यात्रियों को सुविधा देने की दृष्टि से नये विमान खरीदी के समझौते किये। उन्होंने बंबई और दिल्ली हवाई-अड्डों पर विमान यातायात सेवाओं और रेडियों संचालन आदि सुविधाओं के आधुनिकीकरण के लिए 210 करोड़ रुपये की परियोजना को स्वीकृति प्रदान की। नागरिक उड्डयन क्षेत्र में आधुनिकीकरण के प्रयासों के तहत कोयम्बटूर, भुवनेश्वर, वाराणसी, भोपाल और खजुराहों में बड़े विमान उतारने के लिए हवाई पट्टियों को उनके अनुरुप बनाने का कार्य किया। बैंगलोंर, हैदराबाद, तिरुवन्तपुरम, लखनऊ, वाराणसी, नागपुर तथा पटना में स्वचालित संदेश स्विचिंग प्रणाली प्रारंभ की गयी। औरंगाबाद, रायपुर, उदयपुर और खजुराहों में रात्रि अवतरण सुविधाएँ प्रारंभ की गयी। छोटे हवाई अड्डो पर विमानों के आवागमन के लिए सुविधा उपलब्ध कराने की दृष्टि से एक योजना को स्वीकृति प्रदान की। हवाई-अड्डों पर चलते-फिरते नियंत्रण टावर खरीदकर दिल्ली, बम्बई, कलकत्ता और मद्रास के क्षेत्रीय मुख्यालयों में स्थापित किये गये।

हवाई दुर्घटना रोकने के उपाय

माधवराव सिंधिया ने विमानों की पक्षियों से टकराकर होने वाली दुर्घटनाओं को गंभीर समस्या माना। उन्होंने हवाई उड्डो के आसपास के क्षेत्रों में कीड़ों और पक्षियों द्वारा घौंसले बनाने पर लगातार निगरानी रखने की व्यवस्था की। हवाई अड्डो के क्षेत्र में घास काटने वालें ट्रेक्टर यंत्रों का प्रयोग किया गया। मरे हुए पशुओं को खुले में न छोड़कर ग्रामीणों को मरे पशुओं को जमीन में गाड़ देने के लिए प्रेरित करवाया।

ग्वालियर हवाई अड्डे का विकास

माधवराव सिंधिया ने अपनी व्यक्तिगत रुचि लेकर ग्वालियर हवाई अड्डे का निर्माण कराया। उन्होंने ग्वालियर को हवाई सेवा से

दिल्ली, भोपाल एवं इन्दौर से सीधे जोड़ा। इस प्रकार ग्वालियर के जनमानस की इच्छा को उन्होंने पूर्ण किया। माधवराव सिंधिया ने शिवपुरी में भी छोटी हवाई पट्टी का निर्माण कराया था।

हवाई सेवा में वृद्धि

माधवराव सिंधिया ने हवाई उड़ानों से अधिक से अधिक शहरों को जोड़ने का प्रयास किया। जिन शहरों में हवाई उड़ाने महीनों के अंतराल में जाती थी, वो उड़ाने उन्होंने दो-तीन दिन के अंतराल में उड़ाने की व्यवस्था की। इसके अलावा एयर टैक्सी को संचालित करना प्रारंभ किया, इसमें 161 सीटे थी, इसका किराया इंडियन एअरलाइन्स से कम था और ये हवाई उड़ाने जल्दी पहुँचती थी।

हवाई उद्घोषणा में सुधार

माधवराव सिंधिया ने एयरलाइन्स की छवि सुधारने का हर तरह से प्रयत्न किया। उन्होंने हवाई अड्डों पर होने वाली उद्घोषणाओं पर ध्यान दिया और इसे और अधिक कारगर बनाने के लिए प्रसिद्ध उद्घोषक जसदेव सिंह को उद्घोषिकाओं को प्रशिक्षण देने का भार सौंपा। जिससे देश के प्रमुख अंतर्राष्ट्रीय हवाई अड्डों पर उद्घोषणा संबंधी समस्या से निजात मिली।

उचित निर्णय

माधवराव सिंधिया मंत्रालय में रहते प्रत्येक परिस्थिति को समझते एवं तत्संबंधी निर्णय लेते थे। यदि किसी बात का वह निर्णय ले लेते और अधिकारीगण, उस निर्णय को देश हित में नहीं पाते, तो सिंधिया तुरंत उस पर विचार करके निर्णय बदल देते थे। सिंधिया ने एक बार घोषणा की कि एयर इण्डिया कालीकट से खाड़ी देशों तक एयरबस 310 उड़ायेंगी। जब एयर इण्डिया का प्रस्ताव अनुमोदन के लिये एम.आर. शिवरमण (डीजीसीए) के पास गया तो उन्होंने इसे सुरक्षात्मक आधारों पर निरस्त कर दिया। जब सिंधिया ने स्पष्टीकरण माँगा तो वे अधिकारी से आश्वस्त हो गये और निर्णय वापस ले लिया।

एयर इण्डिया के निजीकरण की योजना

माधवराव सिंधिया ने नागरिक उड्डयन क्षेत्र में विशुद्ध व्यावसायिक दृष्टिकोण अपनाया। उन्होंने समय की परिस्थितियों को खुली आँखों से देखा और वैश्वीकरण एवं उदारीकरण के इस दौर में एयर इण्डिया को अधिक कार्यक्षम एवं सक्रिय बनाये रखने के लिए इसके निजीकरण की योजना बनायी। माधवराव एयर इण्डिया के निजीकरण के बड़े पक्षकार थे, वे ब्रिटिश एयरवेश की पद्धति पर एयर इण्डिया का निजीकरण करना चाहते थे। उस समय बाजार प्रगति के दौर में था और एयर इण्डिया प्रतिदिन एक करोड़ रुपये का मुनाफा कमा रही थी। किन्तु उनकी यह योजना कार्यरुप न ले सकी।

खुला आकाश (ओपन स्काई) नीति

माधवराव सिंधिया ने नागरिक उड्डयन क्षेत्र को अधिक प्रतिस्पर्धी बनाने के लिए 'खुला आकाश' (ओपन स्काई) नीति को प्रस्तुत किया, जिससे यात्रियों को अधिक सुविधा मिल सकी। माधवराव सिंधिया एयर लाइन्स की बाजार साख बढ़ाने का कोई मौका नहीं चूकते थे। माधवराव सिंधिया ने अपने प्रशासनिक प्रबंधन एवं विशिष्ट कार्यशैली से घाटे में चल रही एयर इण्डिया को लाभ कमाऊ उपक्रम में बदल दिया और एयर इण्डिया प्रतिदिन एक करोड़ रुपये का लाभ कमाने लगी।

पर्यटन स्थलों को विशेष हवाई सुविधा

माधवराव सिंधिया ने नागरिक उड्डयन एवं पर्यटन मंत्री रहते, पर्यटन एवं उड्डयन दोनों क्षेत्रों को विकसित करने का प्रयास किया। उन्होंने विभिन्न पर्यटक स्थलों को विमान सेवा से जोड़ने का प्रयास किया, जिससे अधिक से अधिक पर्यटक भ्रमण के लिए देश के विभिन्न पर्यटन स्थलों पर पहुँच सके। माधवराव ने भारत सरकार से पर्यटन उड़ानों के बंधन में कुछ ढील दिलाने का कार्य अपने कार्यकाल में किया। इससे राष्ट्रीय एवं अंतर्राष्ट्रीय स्तर के पर्यटन में वृद्धि हुई।

पायलटो के विरुद्ध सख्त रुख

माधवराव सिंधिया के कार्यकाल में इण्डियन एयर लाइन्स के पायलटों ने हड़ताल कर दी। हड़ताली पायलेट मील अलॉउन्स में बढ़ोत्तरी की मांग कर रहे थे, किन्तु मंत्रालय ने उनकी इस मांग के स्थान पर *'अधिक उड़ाओ अधिक कमाओ'* की स्कीम पेश की। पायलट इस पर राजी नहीं हुए। तब माधवराव सिंधिया ने सख्त रुख अपनाते हुए, रुसी हवाई जहाज उज्बेकिस्तान एवं बुल्गेरिया एअर लाइन्स से लीज पर लिये।

पर्यटन क्षेत्र में नई सोच

माधवराव सिंधिया पर्यटन क्षेत्र में सकारात्मक नीतियाँ अपनाकर पर्यटन क्षेत्र को नई ऊँचाईयाँ देना चाहते थे और इस हेतु उन्होंने व्यापक योजनाएँ भी बनायी। माधवराव सिंधिया का मानना था कि पर्यटन क्षेत्र में विकास से बड़ी मात्रा में विदेशी मुद्रा अर्जित की जा सकती है तथा रोजगार के बहुत से स्त्रोत स्वतः उत्पन्न होंगे। साथ ही देश में व्याप्त विदेशी मुद्रा का संकट भी दूर हो सकेगा।

टूरिस्ट सर्किट योजना

माधवराव सिंधिया ने देश को पर्यटन क्षेत्र में अग्रणी बनाने के लिए नवीन योजनाएँ प्रस्तुत की। उन्होंने देश में कई नये *'टूरिस्ट सर्किट'* विकसित करने की योजना बनायी, जिससे पर्यटन क्षेत्र में एक नयी जान आयी। उन्होंने क्षेत्रीय पर्यटन को विकसित करने का भी प्रयत्न किया। ग्वालियर-शिवपुरी-चन्देरी को टूरिस्ट सर्किट के रुप में विकसित करने की योजना बनायी।

ग्वालियर - शिवपुरी - चन्देरी टूरिस्ट सर्किट

माधवराव सिंधिया ने ग्वालियर-शिवपुरी-चन्देरी टूरिस्ट सर्किट विकसित करने के लिए इन क्षेत्रों का पर्यटन की दृष्टि से विकास किया। ग्वालियर आने वाले देशी विदेशी पर्यटकों को और अधिक

आकर्षित करने तथा उनकी रुचि में अभिवृद्धि करने के लिये ग्वालियर के ऐतिहासिक दुर्ग पर ध्वनी एवं प्रकाश योजना की व्यवस्था करवायी। ग्वालियर में तिघरा जलाशय को जलक्रीड़ा केन्द्र के रुप में विकसित करने की योजना बनायी।

पर्यटन की दृष्टि से संपन्न शिवपुरी नगरी को माधवराव सिंधिया ने विकसित करने का पूरा प्रयास किया। उनकी पहल पर देश का पहला पर्यटक ग्राम शिवपुरी में स्थापित किया गया। इसमें ग्रामीण परिवेश उत्पन्न कर सभी आधुनिक सुविधाएँ उपलब्ध कराई गयीं। पर्यटन मंत्री के रुप में शिवपुरी को अनेक पर्यटक सुविधाएँ उपलब्ध करायी। शिवपुरी पर्यटन की दृष्टि से समृद्ध है, यहाँ अनेक ऐतिहासिक एवं प्राकृतिक दर्शनीय स्थल है।

चन्देरी ऐतिहासिक दृष्टि से महत्व का स्थल है, जिसका उल्लेख बाबर ने अपनी आत्मकथा में भी किया है। यह जिला अशोकनगर में स्थित हैं। यहाँ के ऐतिहासिक स्मारक एवं प्राकृत्तिक छ्टा देखने लायक हैं। यह सिंधिया शासकों की विशेष रुचि का क्षेत्र भी रहा है, अतः पर्यटन की दृष्टि से माधवराव सिंधिया ने इसे विकसित करने में व्यक्तिगत रुचि ली।

आईटीडीसी के होटलों के निजीकरण की योजना

माधवराव सिंधिया ने पर्यटन क्षेत्र के आईटीडीसी के होटलों के निजीकरण की योजना बनायी। वे चाहते थे कि इन होटलों को पृथक-पृथक ब्लॉकों में बांटकर निजी हाथों में सौंप देना चाहिए। जिससे इनकी कार्यप्रणाली में सुधार होगा और बेहतर सुविधाएँ पर्यटकों को मिल सकेगी। उनका मानना था कि यह एक बेहद खर्चीला क्षेत्र है और अधिकांश होटल सही तरीके से कार्य भी नहीं कर रहे हैं। उनकी सोच थी कि होटल चलाना सरकार का कार्य नहीं है। अतः उन्होंने इनके निजीकरण की पहल की, किन्तु नरसिंहराव सरकार उनकी इस योजना को अमली जामा नहीं पहना पायी और एक दशक बाद माधवराव सिंधिया की सोच के अनुरुप कार्य हुआ और आईटीडीसी के अनेक होटलों को निजी हाथों में सौंप दिया गया।

टूर ऑपरेटरों को प्रोत्साहन

माधवराव सिंधिया ने पर्यटन क्षेत्र की वृद्धि के लिए सरकारी नीतियों को परिवर्तित किया और टूर ऑपरेटरों को प्रोत्साहित करते हुए छुट्टियों के दिनों में गोवा और केरला की ओर विशेष ध्यान देने को कहा, जहाँ पर्यटन उद्योग तेजी से बढ़ रहा था।

हैरीटेज होटल योजना

राजस्थान के पर्यटन क्षेत्र को विकसित करने के लिए उन्होंने *'हैरीटेज होटलों'* की नवीन योजना प्रस्तुत की। इसी योजना की वजह से वहां पुराने महलों, हवेलियों, छोटे किलों को निजी होटलों के रुप में परिवर्तित करके *'हैरीटेज होटलो'* का नाम दिया गया। उनके प्रयत्नों से संपूर्ण राजस्थान में पर्यटन उद्योग को इतना जबर्दस्त विस्तार हुआ कि पर्यटन उद्योग में मानो क्रांति ही आ गई। जयपुर और उदयपुर के अलावा भी अब पर्यटक राजस्थान के अन्य स्थलों पर भी भारी संख्या में जाने लगे।

भारतीय पर्यटन व यात्रा प्रबंध संस्थान की स्थापना

माधवराव सिंधिया ने अपने अथक प्रयत्नों से ग्वालियर में *'भारतीय पर्यटन व यात्रा प्रबंध संस्थान'* की स्थापना करवायी, जिसे जीवाजी विश्वविद्यालय, ग्वालियर से जमीन प्राप्त करके बनवाया गया। इस संस्थान की स्थापना 1987 ई. में नई दिल्ली में तत्कालीन नागरिक उड्डयन एवं पर्यटन मंत्री शिवराज पाटिल ने की थी। नागरिक उड्डयन एवं पर्यटन मंत्री बनने पर वे इसे ग्वालियर ले आये और 1993 ई. में गुलामनबी आजाद से इसकी आधारशिला रखवायी। यह संस्थान राष्ट्रीय महत्व का है और इसके पाठ्यक्रम को विदेशी संस्थानों की तर्ज पर बनाया गया है। इस संस्थान के बन जाने से देश में पर्यटन क्षेत्र के लिए कुशल प्रबंधकों की आवश्यकता काफी हद तक पूरी हुई। साथ ही, रोजगार के अवसर भी पैदा हुए।

मंत्री पद से इस्तीफा

माधवराव सिंधिया अपने प्रशासनिक दायित्वों में व्यस्त थे, तभी अचानक 9 जनवरी 1993 ई. को दिल्ली के पालम हवाईअड्डे पर रुसी-उज्बेकिस्तान का विमान टी.यू.-154 जो पट्टे पर लिया हुआ था, दुर्घटनाग्रस्त हो गया। विमान में बैठे सभी 165 यात्री चमत्कारिक रुप से बच गए। इस पर सिंधिया जी ने नैतिक जिम्मेदारी लेते हुए इस्तीफा दे दिया। वस्तुतः लाल बहादुर शास्त्री के बाद सिंधिया उनकी परंपरा की दूसरी कड़ी थे, जिन्होंने सार्वजनिक जीवन में विस्मृत नैतिक जिम्मेदारी का अहसास कराया।

मानव संसाधन एवं विकास मंत्रालय

माधवराव सिंधिया, नरसिंहराव के प्रधानमंत्रीत्वकाल मे 1995-1996 ई0 तक मानव संसाधन एवं विकास मंत्रालय में केबीनेट मंत्री रहे। मंत्री के रुप में उन्होंने अपनी विशिष्ट कार्यप्रणाली से अनेक कार्यो को अंजाम दिया। प्राथमिक शिक्षा, तकनीकी शिक्षा, विश्वविद्यालयीन शिक्षा, महिला एवं बाल विकास, युवा एवं खेल के क्षेत्र में, संस्कृति आदि अनेक क्षेत्रों में ऐतिहासिक कार्य किये। उनका मानना था कि उद्योग-व्यापार के साथ-साथ शिक्षा, खेलकूद, चिकित्सा, कला एवं संस्कृति आदि के विकास पर पर्याप्त ध्यान दिया जाना चाहिए ताकि विकास की प्रक्रिया संतुलित हो।

शिक्षा का सार्वभौमिकरण

माधवराव सिंधिया ने शिक्षा के सार्वभौमिकरण पर अत्यधिक बल दिया। उनका उद्देश्य शताब्दी के अन्त तक भारत को पूर्ण साक्षर करने का था। उन्होंने राज्यों को साक्षरता बढ़ाने के लिए निर्देश दिये। शिक्षा प्रसार के लिए उन्होंने एक अति महात्वाकांक्षी शिक्षा कार्यक्रम 'शिक्षा सभी के लिये' चलाया। इससे शिक्षा का प्रसार होने के साथ-साथ सामाजिक बदलाव हो सका। शिक्षा के प्रसार के लिये

'जिला प्राथमिक शिक्षा कार्यक्रम' चालू किया गया। इससे महिलाओं एवं बच्चों में समान रुप से शिक्षा का प्रसार हो सका।

सिंधिया जी ने अपने कार्यकाल के दौरान प्राथमिक शिक्षा पर बहुत जोर दिया। उनका मानना था कि मुख्य समस्या 6-14 वर्ष की आयु के उन बच्चों की है, जो बीच में ही पढ़ाई छोड़ देते हैं। इसके लिए पाठ्यक्रम उनकी आवश्यकताओं के अनुरुप होना चाहिए। बच्चों पर पुस्तकों का अधिक बोझ नहीं लादा जाना चाहिए। उनका मानना था कि 14 वर्ष की उम्र का कोई बच्चा अशिक्षित नहीं रहना चाहिए। इसके लिए इन बच्चों के माता-पिता को भी साक्षर बनाना होगा और उनके लिए 'प्रौढ़ शिक्षा' कार्यक्रम चलाना चाहिए।

मध्यान्ह भोजन योजना

माधवराव सिंधिया ने छात्र-छात्राओं की विद्यालय में घटती संख्या से चिंतित हो, 1995-96 ई. के वित्त बजट में वित्त मंत्री से 'स्कूल पोषण कार्यक्रम' के लिए धन राशि जारी करवायी। इससे देश में प्रथम बार करोड़ों छात्र-छात्राओं के लिए मध्यान्ह भोजन की विशाल योजना प्राथमिक शालाओं में शुरु की गयी। जिससे स्कूलों में बच्चों की उपस्थिति बढ़ी तथा साक्षरता प्रतिशत में भी बढ़ोतरी हुई। आज यह कार्यक्रम विश्व का सबसे बड़ा कार्यक्रम है, जिसमें प्रतिदिन देश के 12 करोड़ से अधिक छात्र-छात्राएँ मध्यान्ह भोजन करते है।

महिला एवं बाल विकास

माधवराव सिंधिया ने महिला एवं बाल विकास पर अपने कार्यकाल के दौरान अत्यधिक बल दिया। उन्होंने अपनी कार्ययोजना में महिला एवं बाल विकास को प्रमुखता दी और बच्चों एवं महिलाओं से संबंधित कार्यक्रमों को पंचायतों के माध्यम से लागू करवाया। इससे विकास का लाभ अंतिम व्यक्ति को मिल सका। महिलाओं के सशक्तिकरण के लिए *'महिला समृद्धि योजना'* एवं *'राष्ट्रीय महिला कोष'* मंत्रालय द्वारा बनाये गये जिससे महिलाओं की आर्थिक स्थिति में सुधार आया। स्त्रियों एवं बालिकाओं पर होने वाले अत्याचारों पर

उन्होंने गहरी चिन्ता प्रगट की। इस हेतु उन्होंने महिलाओं में चेतना जागृत करने एवं उनके अधिकारों की सुरक्षा करने की बात कही। इस कार्य में देश के स्वयं सेवी संगठ्नों से सहायता देने का आग्रह उन्होंने किया।

संयुक्त राष्ट्र महिला सम्मेलन

माधवराव सिंधिया ने *'संयुक्त राष्ट्र महिला सम्मेलन'* में 5 सितम्बर, 1995 ई. बीजिंग (चीन) में अपने भाषण में महिलाओं के सर्वांगीण विकास एवं महिलाओं के विकास हेतु भारत में किये जा रहे प्रयासों के बारे में बताया। महिला सशक्तिकरण के लिए महिलाओं में शिक्षा एवं व्यवसायिक शिक्षा का प्रसार कर उन्हें सुदृढ़ करने के प्रयास किये जा रहे है। महिलाओं की आर्थिक स्थिति सुधारने के लिए गरीबी उन्मूलन हेतु कई योजनाएँ लागू की गयी हैं। महिलाओं को आर्थिक बचत करने के लिए प्रोत्साहित किया जा रहा है और महिलाएँ बैंकिंग व्यवस्था को अपना रही है। महिलाओं के लिए महत्वपूर्ण अधिकारों को तत्परता के साथ लागू किया गया है।

अल्पसंख्यकों के लिये शिक्षा

माधवराव सिंधिया ने शैक्षणिक रुप से पिछड़े अल्पसंख्यकों के विकास के लिए अनेक योजनाओं को तत्परता से लागू करवाया। मंत्रालय ने 1993-94 से ही दो नई योजनाएँ शुरु की थी, जिसमें शैक्षणिक रुप से पिछड़े अल्पसंख्यकों के लिए *'क्षेत्रीय सघन कार्यक्रम'*, जो केन्द्र की शत-प्रतिशत योजना थी और यह योजना जनता तक स्वसहायता समूहों के स्वयं सेवी लोगों द्वारा लागू की जा रही थी। दूसरी योजना परंपरागत *'मदरसों के आधुनिकीकरण'* की थी, जिसमें वित्तीय सहायता देकर मदरसों में आधुनिक शिक्षा देना था यह योजना देश के 41 अल्पसंख्यक जिलों में चलायी गयी।

नवीन विश्वविद्यालयों की स्थापना

माधवराव सिंधिया ने उच्च शिक्षा के विकास हेतु अनेक नवीन विश्वविद्यालय खोलने के लिए प्रस्ताव मंजूर किये। उर्दू भाषा के

उत्थान हेतु हैदराबाद में मौलाना अबुल कलाम आजाद उर्दू विश्वविद्यालय खोलने का प्रस्ताव उनका ही था। मंत्रालय ने कालान्तर में 1 जनवरी 1998 में इसकी स्थापना हेतु अधिसूचना जारी की और यह विश्वविद्यालय अब उच्च शिक्षा दे रहा है। हिन्दी के विकास को प्रोत्साहन देते हुए, उन्होंने बनारस में हिन्दी विश्वविद्यालय की स्थापना करवायी। सिंधिया ने देश के विभिन्न प्रदेशों में ओपन (खुला) विश्वविद्यालय खोलने पर जोर दिया। उनका कहना था कि देश के 200 से अधिक विश्वविद्यालय केवल 6 प्रतिशत लोगों को उच्च शिक्षा दे पा रहे है। इग्नू इस मामले में उच्च शिक्षा देने में बड़ी भूमिका निभा रहा है। इसलिए उनका कहना था कि राज्यों को शीघ्रातिशीघ्र अपने यहाँ ओपन (खुला) विश्वविद्यालयों की स्थापना करना चाहिए, ताकि उच्च शिक्षा का अधिक प्रसार हो सकें।

जीवाजी विश्वविद्यालय, ग्वालियर का विकास

माधवराव सिंधिया ने जीवाजी विश्वविद्यालय, ग्वालियर के विकास के लिए अनेक कार्य किये। उन्होंने तत्कालीन कुलपति से कहा था कि आप प्रोजेक्ट बनायें और मेरे पास भेजें, मैं उन्हें लागू करवाऊँगा। जीवाजी विश्वविद्यालय में अनेक नए कोर्सो एवं संस्थानों की स्थापना उनके कार्यकाल में हुई। विश्वविद्यालय में एम.बी.ए., एम.बी.ई., की शिक्षा को विधिवत् मान्यता प्रदान करवायी एवं पृथक से मैनेजमेन्ट भवन का निर्माण भी करवाया। पर्यटन प्रबंधन की शिक्षा को भी प्रारंभ करवाया। विश्वविद्यालय में लाइफ साइंस विभाग की स्थापना करवायी। कैमीकल सेल्स मैनेजमेण्ट एवं पर्यावरण विज्ञान के नये विभागों की स्थापना करवायी। पृथक से कम्प्यूटर विभाग की स्थापना करवायी, जिसके लिए मंत्रालय से धन राशि उन्होंने उपलब्ध करवायी। सिंधिया ने विश्वविद्यालय में पृथक से इंजीनियरिंग तथा फॉर्मेसी की कक्षाएँ चालू करवायी एवं पृथक से इनके लिए नवीन भवन निर्माण में अपना योगदान दिया। सिंधिया के प्रभाव के कारण ही विश्वविद्यालय को एआईसीटीई को इन कोर्सों को चालू करवाने के लिए 50 लाख रुपये की फिक्सडिपोजिट को नहीं भरना पड़ा।

माधवराव सिंधिया जीवाजी विश्वविद्यालय, ग्वालियर में विश्वविद्यालय

का अपना 'मेडीकल कॉलेज' स्थापित करवाना चाहते थे। यह देश में अपने प्रकार का पहला कदम होता किन्तु उनकी यह योजना कार्यरुप न ले सकी। जीवाजी विश्वविद्यालय, ग्वालियर के खेल परिसर में उन्होंने देश के विश्वविद्यालयों में से सर्वश्रेष्ठ *'मल्टीपरपज हॉल'* (जिम्नेजियम) की स्थापना करवाई, जिसमें एक ही समय में एक साथ अनेक इण्डोर गेम्स हो सकते हैं।

राष्ट्रीय सूचना एवं प्रबंध संस्थान की स्थापना

माधवराव सिंधिया ने ग्वालियर में एशिया के प्रथम राष्ट्रीय सूचना एवं प्रबंध संस्थान की स्थापना करवायी। यह संस्थान दिल्ली, मुम्बई, चैन्नई, खड़गपुर एवं कानपुर में स्थापित आईआईटी कॉलेजों के मुकाबले का महत्वपूर्ण संस्थान है। माधवराव का मानना था कि भारतीय सूचना प्रौद्योगिकी संस्थान की स्थापना से ग्वालियर भारत के नक्शे पर विशेष क्षेत्र के रुप में उभर सकेगा। संस्थान की स्थापना के पीछे उनकी गहरी सोच थी, उनका मानना था कि जो छत्र यहाँ से पढ़कर जायेंगे और जब देश के विभिन्न संस्थानों के प्रमुख बनेंगे और जब कहीं ग्वालियर के विकास का प्रश्न आयेंगा, तो उनके हृदय में ग्वालियर के लिए सोफ्ट कॉर्नर अवश्य होगा। वे ग्वालियर में देश की सर्वश्रेष्ठ शिक्षण संस्थाऐं स्थापित करना चाहते थे, जिससे कि इस क्षेत्र के छात्रों को उच्च शिक्षा के लिए बाहर न जाना पड़े। वास्तव में उनकी योजना तो ग्वालियर में बेंगलौर जैसे *'भारतीय विज्ञान संस्थान'* की स्थापना की थी।

तकनीकी एवं प्रबंध सूचना संस्थानों की स्थापना

इन्दौर एवं कालीकट में भारतीय तकनीकी एवं प्रबंध सूचना संस्थान की स्थापना करवायी। ये संस्थान अहमदाबाद और बेंगलौर स्थित भारतीय प्रबंध विज्ञान संस्थानों के समान है।

शारीरिक शिक्षा महाविद्यालय, ग्वालियर को सम–विश्वविद्यालय बनाना

माधवराव सिंधिया ने अपने कार्यकाल में देश के सर्वप्रथम एवं

एशिया के सबसे बड़े शारीरिक शिक्षा महाविद्यालय एल.एन.आई.पी.ई, ग्वालियर को *'सम-विश्वविद्यालय'* का दर्जा प्रदान किया। इससे ग्वालियर को दुनिया के खेल जगत में एक विशिष्ट पहचान मिली। वर्तमान में इसे 'सम-विश्वविद्यालय' से *विश्वविद्यालय* का दर्जा प्राप्त हो चुका है।

होटल मैनेजमेंट संस्थान की स्थापना

ग्वालियर में *'इंस्टीट्यूट ऑफ होटल मैनेजमेन्ट'* की स्थापना करवायी एवं इसके लिए पृथक भवन का निर्माण महाराजपुरा हवाईअड्डा रोड़ की तरफ करवाया। इस संस्थान के निर्माण से देश के युवाओं को रोजगारपरक शिक्षा मिल रही है। यह संस्थान वर्तमान में अनेक युवाओं को रोजगार उपलब्ध करा चुका है।

खेल एवं युवा विभाग

माधवराव सिंधिया ने खेल एव युवा विभाग से संबंधित अनेक कार्यों को अंजाम दिया। ठण्डे बस्ते में पड़े *'राजीव गांधी राष्ट्रीय युवा विकास संस्थान'* के प्रस्ताव को मंजूरी दी। युवकों के लिए नीति निर्धारित करने के लिए देश में पहली बार *'राष्ट्रीय युवा विकास समिति'* का गठन किया गया। युवाओं की राष्ट्रीय विकास में और अधिक भागीदारी के लिए जमीनी स्तर के युवाओं की समितियों का गठन किया गया। इससे शिक्षण पाठ्यक्रम में खेल को शामिल करने के लिए एक बहस की शुरुआत हुई।

विद्यालयों की स्थापना

माधवराव सिंधिया ने देश के विभिन्न जिलों में *केन्द्रीय विद्यालयों* एवं *जवाहर नवोदय विद्यालयों* की स्थापना करवायी। देश के विभिन्न हिस्सों में *शिक्षा गारण्टी योजना* प्रारंभ हुई। केन्द्रीय तथा नवोदय विद्यालयों के अध्यापकों को प्रशिक्षण देने के लिए शिवपुरी में प्रशिक्षण संस्थान की स्थापना करवायी।

सांस्कृतिक धरोहरों का संरक्षण

सिंधिया जी ने देश की साँस्कृतिक धरोहरों के संरक्षण के लिए भी प्रयास किये। महत्व के स्मारकों एवं पुरातात्विक महत्व के स्थलों के संरक्षण हेतु निजी क्षेत्र की भागीदारी बढ़ाने के लिए *'राष्ट्रीय संस्कृति निधि'* की स्थापना के बारे में विचार-विमर्श शुरु किया गया। भारत और विदेशों में आयोजित अनेक उत्सवों के माध्यम से ऐतिहासिक और सांस्कृतिक परम्पराओं के प्रचार-प्रसार हेतु प्रयास किए गए। भारतीय सामाजिक संरचना को मजबूत करने के लिए पूरे देश में *'क्षेत्रीय सांस्कृतिक केन्द्रों'* को और अधिक मजबूत किया गया। मध्यप्रदेश में विविध सांस्कृतिक कला परिसर को मंजूरी दी गई। कारीगरों के लाभ के लिए *दस्तकारी हॉट* को भी मंजूरी दी गई।

बहुआयामी कला केन्द्र की स्थापना

माधवराव सिंधिया ने ग्वालियर में बहुआयामी कला केन्द्र की स्थापना को स्वीकृति अपने कार्यकाल में प्रदान की। इसके लिये 10 एकड़ भूमि जीवाजी विश्वविद्यालय, ग्वालियर से माँगी गई थी। प्रस्तावित आर्ट कॉम्पलेक्स का संचालन *'राष्ट्रीय कला और साँस्कृतिक विरासत'* नाम की संस्था, जिसका गठन किया जाना था, करेगी। यह आर्ट कॉम्पलेक्स एक स्वायत्तशासी संस्थान होगा। बहुआयामी कला परिसर के शिलान्यास पर सिंधिया ने कहा कि इससे न सिर्फ शहर की कला और संस्कृति की जीवंत परंपरा को बनाए रखने में मद्द मिलेगी, अपितु इस क्षेत्र में नई प्रतिभाएँ भी आगे आ सकेगीं।

इस प्रकार माधवराव सिंधिया ने रेलवे, नागरिक उड्डयन एवं पर्यटन तथा मानव संसाधन एवं विकास मंत्रालय के मंत्री के रुप में अपने प्रशासनिक कौशल से सभी को चौंका दिया था। उन्होंने एक योग्य प्रशासक के रुप में विभिन्न मंत्रालयों का कुशलता से संचालन किया। अपने कार्य करने के तरीके से उन्होंने एक विशिष्ट कार्य संस्कृति का विकास किया और कुशल प्रबंधक के रुप में ख्याति प्राप्त की।

पंचम अध्याय 5

माधवराव सिंधिया का सामाजिक एवं सॉँस्कृतिक क्षेत्र में योगदान

माधवराव सिंधिया ने सामाजिक एवं सांस्कृतिक क्षेत्र में अपना महत्वपूर्ण योगदान प्रदान किया। उन्होंने शिक्षा, स्वास्थ्य, अर्थव्यवस्था, कृषि आदि के विकास में ऐतिहासिक कार्यो का संपादन किया। कला एवं संस्कृति के विकास के लिए सांस्कृतिक समारोहों एवं सॉँस्कृतिक क्रियाकलापों को अपना पूर्ण सहयोग दिया। माधवराव ने ग्वालियर के शहरीकरण एवं विकास के लिए कई नवीन योजनाओं को लागू करवाया। धार्मिक एवं सामाजिक क्षेत्र में सदैव सांप्रदायिक सद्‌भाव एवं धर्म निरपेक्षता को बढ़ावा दिया। माधवराव सिंधिया ने देश में खेल संस्कृति के संवर्धन के लिए अप्रत्याशित कार्य किये। उन्होंने खेलों को अपना प्रत्यक्ष एवं शक्तिशाली सहयोग प्रदान किया।

शिक्षा के क्षेत्र में योगदान

माधवराव सिंधिया ने शिक्षा क्षेत्र के सार्वभौमिकरण एवं सर्वांगीण विकास के लिए व्यापक कार्य किया। यह माधवराव सिंधिया के प्रयत्नों का ही परिणाम था, जब देश की एक प्रतिष्ठित हिन्दी पत्रिका के सर्वेक्षण में ग्वालियर को देश में शैक्षणिक दृष्टि से सातवें स्थान पर रखा गया।

महिलाओं को साक्षर बनाने के लिए प्रौढ़ शिक्षा कार्यक्रम चलाने का सुझाव उन्होंने दिया। उन्होंने देश के युवाओं से आशा की कि वे अपने प्रदेश एवं देश के निरक्षरों को अक्षर ज्ञान देकर राष्ट्रीयता का

परिचय दे। माधवराव सिंधिया ने महिलाओं को साक्षर बनाने के लिए प्रबल तर्क दिये। एक जागरुक एवं सजग महिला देश के विकास में महत्वपूर्ण भूमिका निभा सकती है। महिलाओं को साक्षर बनाकर उनमें अंतर्निहित संभावनाओं का सदुपयोग देश एवं समाज की प्रगति के लिए किया जा सकता है।

माधवराव सिंधिया बदलते हुए सामाजिक एवं शैक्षणिक परिवेश में भारतीय शिक्षा प्रणाली को आधुनिक बनाना चाहते थे। भारत के लिए नई शिक्षा पद्धति विकसित करना चाहिए, जिससे देश के बालकों का दृष्टिकोण व्यापक हो सकेगा। माधवराव सिंधिया का मानना था कि नई शिक्षा प्रणाली का निर्माण हमारी संस्कृति औंर भारतीयता की बुनियाद पर हो जिसके बल पर हमारे पूर्वजों ने आजादी प्राप्त की और अब हमारी वर्तमान पीढ़ी का कार्य यह है कि उस आजादी को बुनियाद बनाकर उस पर राष्ट्र का नवनिर्माण करें।

माधवराव सिंधिया ने अपने जीवनकाल में निम्न शैक्षणिक संस्थाओं के विकास में महत्वपूर्ण सहयोग प्रदान किया –

ए.एम.आई शिशु मंदिर

यह विद्यालय जयविलास महल ग्वालियर के उत्तरी दरवाजे के पास फूलबाग परिसर में स्थित हैं। आजादी के पहले स्थापित इस 'शिशु मंदिर' स्कूल का निर्माण जीवाजीराव सिंधिया के काल में हुआ था। इस विद्यालय की स्थापना का उद्‌देश्य राजपरिवार के बच्चों को शिक्षा देना था। सिंधिया राजपरिवार में रो सर्वप्रथम राजकुमारी 'ऊषा राजे' ने इसमें शिक्षा पायी। माधवराव ने भी प्रारंभिक शिक्षा इसी विद्यालय में प्राप्त की थी। माधवराव सिंधिया ने विद्यालय के विकास में अपना महत्वपूर्ण योगदान दिया। उन्होंने आधुनिक शिक्षा के साधनों की उपलब्धता सुनिश्चित की और आधुनिक शिक्षा प्रणालियों का समावेश विद्यालय में करवाया।

द सिंधिया स्कूल (सरदार स्कूल)

सिंधिया स्कूल की स्थापना माधवराव सिंधिया प्रथम (माधौ महाराज, 1886–1925 ई.) ने ग्वालियर के फूलबाग परिसर में स्थित जलविहार में सन् 1887 ई. में *'सरदार स्कूल'* के रुप में की

थी। कालान्तर में इसी सरदार स्कूल को *'सिंधिया स्कूल'* कहा जाने लगा। माधौ महाराज का सरदार स्कूल की स्थापना के पीछे प्रमुख उद्‌देश्य यह था कि *''रियासत के उच्च कुल रईस घरानों के बच्चे पढ़ लिखकर इस तरह योग्य बनें कि राज्य के कार्यों में सहायता प्रदान करने लगें और अगर मुझसे कोई गलती हो तो मेरा हाथ रोक सकें और समझा सकें कि यह कार्य इस तरह नहीं, इस तरह होना चाहिए।''* सन् 1908 ई. में यह स्कूल फूलबाग से ग्वालियर दुर्ग पर स्थानांतरित कर दिया गया। माधवराव सिंधिया ने अपनी स्कूली शिक्षा सिंधिया स्कूल में ही प्राप्त की थी।

माधवराव सिंधिया, 1980 ई. में *सिंधिया स्कूल के चेयरमेन* बने। उन्होंने देश के सर्वश्रेष्ठ शिक्षकों को सिंधिया स्कूल में नियुक्त किया एवं उन्हें उच्च वेतन प्रदान किया।

माधवराव सिंधिया ने सिंधिया स्कूल में अत्याधुनिक तकनीकी प्रणालियों का समावेश करवाया। दृश्य, श्रव्य शैक्षणिक साधनों के साथ-साथ, स्कूल में कम्प्यूटर युग का श्रीगणेश उनके ही कार्यकाल में हुआ। उन्होंने सिंधिया स्कूल में बड़े-बड़े परिवर्तनों को कार्यरुप प्रदान किया। छात्रावासों की छतें, डाइनिंग हॉल्स, अध्यापकों के आवास, उनके वेतनमान, श्री शुक्ल मेमोरियल ओपन एयर थियेटर, स्क्वैश कोर्ट, टेनिस कोर्ट, तरणताल और बॉस्केट-बॉल कोर्ट, मोदी विज्ञान भवन सब उनके कार्यकाल में ही अस्तित्व में आये। इस प्रकार माधवराव सिंधिया के चेयरमेनशिप काल में सिंधिया स्कूल ने अत्यधिक प्रगति की।

सिंधिया कन्या विद्यालय

सिंधिया कन्या विद्यालय की स्थापना बालिकाओं को अत्याधुनिक, संस्कारित शिक्षा देने के उद्‌देश्य से की गई थी। यह सिंधिया शासकों के विद्यानुराग का परिणाम ही था। सिंधिया कन्या विद्यालय की स्थापना सन् 1956 ई. में महाराज जीवाजीराव सिंधिया ने की थी। विजयाराजे सिंधिया इस कन्या विद्यालय की चेयरमेन जनवरी 2001 तक रही।

माधवराव सिंधिया, विजयाराजे सिंधिया की मृत्यु जनवरी, 2001 के पश्चात्, सिंधिया कन्या विद्यालय के चेयरमेन बने। अपने छोटे से चेयरमेनशिप काल में, माधवराव सिंधिया ने सिंधिया कन्या विद्यालय

के आधुनिकीकरण में अपना महत्वपूर्ण योगदान प्रदान किया। विद्यालय में नवीन छात्रावास का निर्माण उन्होंने करवाया। माधवराव सिंधिया के प्रयासों से ही सिंधिया कन्या विद्यालय को अंतर्राष्ट्रीय स्तर पर पहचान मिली और सिंधिया कन्या विद्यालय के दल ने 2001 ई. में आस्ट्रेलिया का शैक्षणिक भ्रमण किया।

ग्रामीण क्षेत्र में शिक्षा का प्रसार

माधवराव सिंधिया ने शिक्षा के सार्वभौमिकरण की ओर विशेष ध्यान दिया। उनका मानना था कि शिक्षा की पहुँच देश के प्रत्येक इलाके तक होना चाहिए, जिससे कोई भी व्यक्ति शिक्षा से वंचित न रह सके। ग्रामों से उनका अनुराग छात्र जीवन से ही था, जब वे सिंधिया स्कूल के कैंप के साथ ग्राम सौंसा जाया करते थे। रेलमंत्री बनते ही उन्होंने सौंसा के स्कूल को उन्नत करवाकर हाईस्कूल तक की शिक्षा की व्यवस्था की। इसके अतिरिक्त उन्होंने अनेक ग्रामों में स्कूलों की स्थापना करवाने में अपना पूर्ण सहयोग दिया। चंदेरी, मुंगावली, सहराई ग्राम में नये हायर सेकेण्डरी स्कूलों की स्थापना करवायी। अशोकनगर के वर्धमान और हनुमान हायर सेकेण्डरी विद्यालयों के नये भवनों के लिये *'गंगाजली ट्रस्ट'* तथा *'समुद्र महल ट्रस्ट'* से अनुदान प्रदान किया। बहादुरपुर में नवीन हायर सेकेण्डरी स्कूल की स्थापना करवायी।

माधवराव सिंधिया ने ग्रामीण क्षेत्रों में शिक्षा की ठोस व्यवस्था करने का प्रयत्न किया। शिक्षा प्रसार की इसी कड़ी में उन्होंने ग्रामीण क्षेत्रों में *'राजीव गांधी शिक्षा गारंटी शालाएँ'* खुलवाने में सहयोग प्रदान किया। राजीव गांधी शिक्षा मिशन के द्वारा शिक्षा देश के पिछड़े एवं दूरदराज के क्षेत्रों में पहुँच सकी। ग्रामीण क्षेत्रों में आधुनिक एवं गुणवत्तायुक्त शिक्षा देने के उद्देश्य से देश के सैंकड़ों जिलों में जवाहर नवोदय विद्यालयों की स्थापना करवायी। इस प्रकार माधवराव सिंधिया ने ग्रामीण क्षेत्र में शिक्षा के प्रसार-प्रचार के लिये अनेक कार्य किये।

विश्वविद्यालयीन शिक्षा

माधवराव सिंधिया ने विश्वविद्यालयीन शिक्षा को सुदृढ़ एवं उपयोगी बनाने के लिए कई कार्यक्रमों को साकार रुप प्रदान किया।

माधवराव सिंधिया चाहते थे कि ग्वालियर अंचल में ऐसे संस्थानों का निर्माण हो कि छात्रों को उच्च शिक्षा के लिए दिल्ली, बंबई जैसे शहरों की ओर मुँह न देखना पड़े। उन्होंने जीवाजी विश्वविद्यालय में अत्याधुनिक शैक्षणिक संसाधनों की उपलब्धता सुनिश्चित करवायी। जीवाजी विश्वविद्यालय, ग्वालियर में माधवराव सिंधिया ने प्रबंधन की शिक्षा, इंजीनियरिंग की शिक्षा, भेषजी फॉर्मेसी विज्ञान की शिक्षा, पर्यावरण विज्ञान की शिक्षा आदि को प्रारंभ करवाया। देश में सर्वप्रथम ग्रामीण उद्योग एवं प्रबंधन के कोर्स का प्रारंभ जीवाजी विश्वविद्यालय, ग्वालियर में करवाया। उहोंने यू.जी.सी. से एक करोड़ रुपये का अनुदान जीवाजी विश्वविद्यालय को दिलाया, जिससे विश्वविद्यालय में इंटरनेट एवं आईएडीए सुविधा उपलब्ध हो सकी।

जीवाजी विश्वविद्यालय की गुणवत्ता एवं शैक्षणिक प्रतिबद्धता को देखते हुए, *यूनेस्को* ने विश्वविद्यालय की प्राणिकी अध्ययनशाला को *सेटेलाइट सेन्टर* बनाने की स्वीकृति देने से विश्वविद्यालय को शोध के क्षेत्र में छलांग लगाने का मौका मिला है। दुनिया में यूनेस्को का यह पंद्रहवां सेंटर होगा, जबकि भारत में यह उपलब्धि अब तक केवल जीवाजी विश्वविद्यालय, ग्वालियर को प्राप्त हुई हैं।

माधवराव सिंधिया ने उच्च शिक्षा के प्रसार के लिए अनेक नये महाविद्यालयों की स्थापना करवाने में प्रत्यक्ष-अप्रत्यक्ष रुप से पूर्ण सहयोग प्रदान किया। मुरैना, लहार एवं अशोकनगर के शासकीय महाविद्यालयों के नये भवन के निर्माण की स्वीकृति तथा मुंगावली, करैरा, शिवपुरी में कन्या महाविद्यालय की स्थापना आदि में अपना पूर्ण सहयोग प्रदान किया। डबरा के वृन्दासहाय शासकीय महाविद्यालय के लिए नवीन भवन का निर्माण उनके प्रयत्नों से ही हुआ था। उन्होंने कई अशासकीय महाविद्यालयों को शासनाधीन करवाने में महत्वपूर्ण योगदान दिया।

महारानी लक्ष्मीबाई महाविद्यालय, ग्वालियर

इस महाविद्यालय की स्थापना सन् 1846 ई. में *लश्कर मदरसा* के रुप में हुई थी। बाद में इसका नाम *विक्टोरिया कॉलेज* फिर *महारानी लक्ष्मीबाई महाविद्यालय* रखा गया। वर्तमान भवन के शिलान्यास एवं उसके परिसर का विकास 1887 ई. में महारानी विक्टोरिया की रजत जयंती की स्मृति के रुप में किया गया था। लॉर्ड कर्जन ने 1899 ई. में इसका औपचारिक उद्घाटन किया था।

महाविद्यालय के विकास में ग्वालियर के सिंधिया शासकों का पूर्ण योगदान रहा। महाराज जीवाजीराव सिंधिया ने तो स्वयं इस महाविद्यालय में शिक्षा प्राप्त की थी। माधवराव सिंधिया ने इस महाविद्यालय में शैक्षणिक सुविधाओं के विकास में अपना पूर्ण सहयोग प्रदान किया। महाविद्यालय में खेल परिसर के विकास, इण्डोर ऑडीटोरियम का निर्माण एवं खेल प्रतिभाओं को प्रोत्साहित करना आदि कार्य किये। महाविद्यालय के खेल शिक्षक को उन्होंने विदेश में नवीन विधाओं को सीखने के लिए भेजा। माधवराव सिंधिया के प्रयत्नों से ही इस महाविद्यालय में स्वाधीनता आंदोलन की प्रणेता वीरांगना लक्ष्मीबाई की प्रतिमा स्थापित हुई थी।

कमलाराजे कन्या महाविद्यालय

इस महाविद्यालय की स्थापना जीवाजीराव सिंधिया एवं विजयाराजे सिंधिया के विद्यानुराग का परिणाम था। महारानी विजयाराजे सिंधिया का पथ-प्रदर्शन और सहयोग पाकर इस संस्था ने प्रगति के नये आयाम स्थापित किये। इस महाविद्यालय का प्रारंभ सन् 1898 ई. में कन्या धर्मवर्धिनी सभा द्वारा स्त्रियों की शिक्षा की दिशा में एक अशासकीय प्रयास के रुप में किया गया था। महाविद्यालय के रुप में इसका पूर्ण स्वरुप सन् 1937 ई. में जीवाजीराव सिंधिया ने प्रदान करवाया। महाविद्यालय के विकास में माधवराव सिंधिया ने अपना पूर्ण योगदान प्रदान किया। उनके पास महाविद्यालय से संबंधित जो भी समस्या या कार्य आया उसका निराकरण उन्होंने किया। महाविद्यालय में आयोजित होने वाले सांस्कृतिक समारोहों को उन्होंने अपना पूर्ण सहयोग प्रदान किया। महाविद्यालय की किसी भी प्रकार की शैक्षणिक आवश्यकता को उन्होंने नजरअंदाज नहीं किया।

व्यावसायिक एवं तकनीकी शिक्षा

व्यावसायिक एवं तकनीकी शिक्षा के प्रसार में माधवराव सिंधिया ने विशेष रुचि दिखायी। वे ग्वालियर में देश की सर्वश्रेष्ठ व्यावसायिक एवं तकनीकी संस्थाओं की स्थापना करना चाहते थे। उनकी इच्छा तो ग्वालियर में बंग्लौर जैसे *'भारतीय विज्ञान संस्थान'* के स्थापना करने की थी, फिर भी उन्होंने अनेक तकनीकी एवं व्यावसायिक संस्थाओं की स्थापना ग्वालियर में करवायी।

गजराराजा चिकित्सा महाविद्यालय, ग्वालियर

गजराराजा चिकित्सा महाविद्यालय की स्थापना महाराज जीवाजीराव सिंधिया एवं महारानी विजयाराजे सिंधिया को पुत्र रुप में माधवराव सिंधिया की प्राप्ति की खुशी में डॉ0 भगवत सहाय के अनुरोध पर महाराज जीवाजीराव सिंधिया ने करवायी थी। इस महाविद्यालय का शिलान्यास भारत के तत्कालीन वाइसराय लॉर्ड वैवेल ने 21 नवम्बर, 1945 को किया था। महाविद्यालय का कार्य अगस्त 1946 से प्रारंभ हुआ और दिसम्बर 1948 में सरदार वल्लभ भाई पटेल ने इसका उद्घाटन किया। सिंधिया शासकों ने इस महाविद्यालय के विकास में अपना पूर्ण योगदान प्रदान किया। महाविद्यालय में *भगवतसहाय सभागार* की स्थापना माधवराव सिंधिया के प्रयासों से ही हुई।

इन्दिरा गांधी चिकित्सा संस्थान, ग्वालियर

इस चिकित्सा संस्थान की स्थापना माधवराव सिंधिया के अथक प्रयासों से हुई। यह अत्याधुनिक 600 बिस्तरों वाला अस्पताल होगा। इसका शिलान्यास तत्कालीन प्रधानमंत्री राजीव गांधी ने किया था। सऊदी अरब सरकार ने इसकी स्थापना के लिए 24 करोड़ रुपये की सहायता प्रदान करने पर सहमती प्रदान की थी। ग्वालियर में गोला का मंदिर क्षेत्र में बीस एकड़ में स्थापित होने वाले इस अस्पताल में हृदय, श्वांस, मस्तिष्क, प्लास्टिक सर्जरी, स्नायु तथा आंतरिक श्राव्य से संबंधित रोगों के उपचार तथा शल्य चिकित्सा की आधुनिकतम व्यवस्था रहेगी। मध्यप्रदेश में अपने प्रकार का यह सर्वोत्तम चिकित्सा संस्थान होगा। इस संस्थान की स्थापना के लिए माधवराव सिंधिया विशेष प्रयास करते रहे। यह संस्थान वर्तमान में निर्माणाधीन है और लगभग आधा बनकर तैयार हो चुका है।

स्वास्थ्य सेवाओं का विस्तार

माधवराव सिंधिया ने स्वास्थ्य सेवाओं के विस्तार के लिए ग्वालियर अंचल पर विशेष ध्यान दिया। उन्होंने ग्रामीण क्षेत्रों में स्वास्थ्य सेवाओं की उपलब्धता सुनिश्चित करने के लिए प्रयास किये। उनके प्रयासों से ही ग्वालियर अंचल के अधिकांश बड़े-बड़े ग्रामों में प्राथमिक स्वास्थ्य केन्द्रों की स्थापना हो चुकी है। ग्रामीण क्षेत्रों में

चिकित्सा सुविधाओं के विस्तार के पीछे उनका उद्देश्य यह था कि ग्रामीण किसानों एवं गरीब जनता को अच्छी स्वास्थ्य सेवा ग्राम स्तर पर ही उपलब्ध हो जायें। माधवराव सिंधिया ने गुना क्षेत्र में चिकित्सा सुविधाओं का विकास बड़े स्तर पर करवाया। वर्ष 1980 में 92 चिकित्सा संस्थायें स्थित थी, जिनकी संख्या वर्ष 1987 में बढ़कर 242 हो गई। वर्तमान में यहाँ चिकित्सा सुविधाओं का विस्तार ग्रामीण स्तर तक हो चुका हैं। माधवराव सिंधिया ने शिवपुरी जिले में स्वास्थ्य सेवाओं का व्यापक स्तर पर विस्तार करवाया। वर्ष 1980-81 में जिले में जहाँ 60 उप-स्वास्थ्य केन्द्र थे, वही वर्ष 1988-89 में यह बढ़कर 179 हो गये। माधवराव सिंधिया ने ग्वालियर-चंबल संभाग में दस नए तीस बिस्तर वाले अस्पताल, मुरार चिकित्सालय को जिला अस्पताल का दर्जा तथा नेत्र चिकित्सालय का निर्माण, भिण्ड में आई.सी.यू. का निर्माण, ग्वालियर में *'स्वास्थ्य और परिवार कल्याण प्रशिक्षण संस्थान'* की स्थापना आदि कार्य कराये।

माधव प्रौद्योगिकी एवं विज्ञान संस्थान, ग्वालियर

इस तकनीकी विज्ञान संस्थान की स्थापना 1957 ई. में महाराज जीवाजीराव सिंधिया ने करवायी थी। इस महाविद्यालय की स्थापना का उद्देश्य ग्वालियर अंचल में तकनीकी शिक्षा को उपलब्ध कराना था। इस महाविद्यालय की आधारशिला तत्कालीन राष्ट्रपति डॉ0 राजेन्द्र प्रसाद ने रखी तथा इसका उद्घाटन तत्कालीन राष्ट्रपति डॉ0 राधाकृष्णन् ने 11 दिसम्बर, 1964 में किया। माधवराव सिंधिया ने इस तकनीकी संस्थान की प्रगति के लिए जीवाजी विश्वविद्यालय के पूर्व कुलपति डॉ0 प्रकाश सिंह बिसेन को इसका डायरेक्टर नियुक्त किया। आज इस संस्थान में अनेक तकनीकी विषयों की शिक्षा प्रदान की जाती है। माधवराव सिंधिया इस संस्थान को 'सम-विश्वविद्यालय' (डीम्ड यूनीवर्सिटी) बनाना चाहते थे, इस हेतु उन्होंने कार्यवाही भी प्रारंभ करवा दी थी, किन्तु यह कार्य पूर्ण न हो सका।

कृषि शिक्षा

ग्वालियर के कृषि महाविद्यालय की स्थापना सन् 1950 ई. में हुई। इसकी स्थापना के पीछे भी ग्वालियर के सिंधिया शासकों का

सहयोग रहा है। इस महाविद्यालय में इंजीनियरिंग कर्मशाला, गवेषणा संस्था, फलोद्यान, दुग्धशाला तथा प्रयोग प्रक्षेत्र स्थित हैं। माधवराव सिंधिया ने इस महाविद्यालय की तकनीकी आवश्यकताओं की पूर्ति में अपना पूर्ण सहयोग प्रदान किया। उन्होंने तत्कालीन केन्द्रीय कृषि मंत्री से इस महाविद्यालय को अनेक सुविधाएँ उपलब्ध करवायी, जिससे इस कृषि महाविद्यालय को तकनीकी एवं शोध क्षेत्र में विकास का अवसर प्राप्त हो सका।

राष्ट्रीय स्तर के संस्थानों की स्थापना

माधवराव सिंधिया ने देश एवं प्रदेश में कई राष्ट्रीय स्तर के शैक्षणिक संस्थानों की स्थापना अपने मंत्रीत्व कार्यकाल में करवायी। बनारस में *'हिन्दी विश्वविद्यालय'* तथा हैदाबाद में *'उर्दू विश्वविद्यालय'* की स्थापना करवायी। मध्यप्रदेश में इन्दौर तथा केरल के कालीकट में प्रबंध संस्थाओं की स्थापना करवायी। ग्वालियर में एशिया का प्रथम *'राष्ट्रीय सूचना एवं प्रबंध संस्थान'* एवं *'इंस्टीट्यूट ऑफ होटल मैनेजमेंट'* तथा *'पर्यटन एवं यात्रा प्रबंध संस्थान'* की स्थापना करवायी। एशिया के सबसे बड़े एवं देश के प्रथम शारीरिक शिक्षा महाविद्यालय (एल.एन.आई.पी.ई.) को 'सम-विश्वविद्यालय' (डीम्ड यूनीवर्सिटी) का दर्जा प्रदान करवाया।

इस प्रकार माधवराव सिंधिया ने शैक्षणिक क्षेत्र में अनेक अनुकरणीय कार्यों को साकार रुप प्रदान किया एवं अपने अथक प्रयासों से ग्वालियर शहर को 'एज्यूकेशनल (शैक्षणिक) केन्द्र' के रुप में परिणित कर दिया।

आर्थिक क्षेत्र में योगदान

माधवराव सिंधिया ने आर्थिक क्षेत्र के उन्नयन में महत्वपूर्ण योगदान प्रदान किया। देश एवं प्रदेश के आर्थिक विकास में उनकी गहरी रुचि थी। उन्हें आर्थिक विषयों की गहरी समझ थी। आर्थिक क्षेत्र के महत्व को वे भलीभांति समझते थे। माधवराव सिंधिया आधुनिकीकरण एवं निजीकरण के महत्व को समझते थे। माधवराव सिंधिया वैश्वीकरण एवं आर्थिक सुधारों के जबरदस्त समर्थक थे। जब देश में आर्थिक सुधार कार्यक्रमों की आलोचना शुरु हुई, तो उन्होंने

सार्वजनिक रुप से सामने आकर इन कार्यक्रमों के प्रति अपना समर्थन व्यक्त किया। माधवराव सिंधिया का कहना था कि आज दुनिया तेजी से बदल रही हैं, अकेले रहकर या अपने इर्द-गिर्द दीवार बनाकर रहने से हम पीछे छूट जायेंगे। भारत के लिए जरुरी है कि वह विश्व परिवार का सदस्य बनकर रहे। जहां तक उद्योगों का सवाल है तो निश्चित रुप से कुछ छोटे उद्योग बंद हो रहे है, लेकिन आने वाले दिनों में कुछ नये उद्योग खुलेंगे।

माधवराव सिंधिया ने ग्वालियर अंचल में औद्योगिक उन्नति के लिए हमेंशा कार्य किया। ग्वालियर अंचल में नवीन उद्योगों की स्थापना में उनका बड़ा योगदान रहा है। वे देश के विभिन्न हिस्सों से उद्योगपतियों को लाते थे तथा उनसे ग्वालियर अंचल में उद्योग लगवाते थे। वे व्यापारियों की समस्याओं पर हमेंशा ध्यान देते थे, ताकि व्यापारिक क्षेत्र प्रगति के पथ पर अग्रसर हो सके।

मालनपुर औद्योगिक क्षेत्र में 1986 ई. में केन्द्रीय उद्योग मंत्री नारायणदत्त तिवारी को माधवराव सिंधिया लाये और उन्होंने कई उद्योगपतियों से उन्हें मिलवाया। इससे तत्काल ही करोड़ों रुपये का निवेश मालनपुर में हुआ। माधवराव सिंधिया के अनुरोध पर नारायण दत्त तिवारी ने एक बड़ी मदर इंडस्ट्री के रुप में *पोलियेस्टर फिलामेंट यार्न* की फैक्ट्री की स्वीकृति प्रदान की। जिसकी ज्वाइंट सेक्टर में लागत सौ करोड़ रुपये थी। इससे मालनपुर औद्योगिक क्षेत्र का विकास हुआ। जिसमें 450 मिलियन रुपये के निवेश से कई ग्रामीण लोगों को रोजगार मिला तथा गाँवों में जहाँ बैलगाड़ियाँ मिलती थी वहां अब मारुति कारें खड़ी हैं।

ग्वालियर व्यापार मेला, ग्वालियर के औद्योगिक एवं वाणिज्यिक क्षेत्र के विकास में अत्यंत सहायक हुआ है। लघु एवं कुटीर तथा शिल्प उद्योगों के विकास में भी ग्वालियर व्यापार मेले ने महत्वपूर्ण भूमिका निभायी है। वस्तुतः ग्वालियर मेले की शुरुआत 1905 ई० में सिंधिया शासक महाराजा माधवराव सिंधिया प्रथम (1886-1925 ई०) ने की थी। माधवराव सिंधिया ने ग्वालियर व्यापार के विकास में सक्रिय भूमिका निभायी। उन्होंने मेले को राष्ट्रीय स्तर का स्वरुप प्रदान करवाया। मेले में *सेल्स टेक्स फ्री* करवाकर सिंधिया ने व्यापारिक एवं आर्थिक गतिविधियों को हमेशा गतिशीलता प्रदान की। माधवराव

सिंधिया ने मध्यप्रदेश का पहला तथा देश का दूसरा *'दस्तकारी हॉट'* का शिलान्यास मेले में किया। इससे प्रदेश एवं देश के हस्तशिल्प को राष्ट्रीय एवं अंतर्राष्ट्रीय पहचान मिल सकेगी। माधवराव सिंधिया ने मेले में मध्यप्रदेश *'एक्सपोर्ट फेसिलिटेशन सेन्टर'* की स्थापना करवायी।

माधवराव सिंधिया ने आर्थिक क्षेत्र में प्रदेश एवं देश को प्रगति के पथ पर अग्रसर बनाये रखने के लिए कई भगीरथी प्रयत्न किये। उनमें से विजयपुर में *'नेशनल फर्टिलाइजर्स लिमिटेड'* (एन.एफ.एल.) के कारखाने की स्थापना एक है। गैस पर आधारित यह पहला अन्तर्देशीय कारखाना है। माधवराव सिंधिया के अथक प्रयासों से 31 मई, 1984 ई. को तत्कालीन प्रधानमंत्री श्रीमती इंदिरा गांधी ने परियोजना की आधारशिला रखी थी। यह कारखाना अब उर्वरक उत्पादन में कार्यरत है।

माधवराव सिंधिया ने चंदेरी के वस्त्र शिल्प साड़ियों के उद्योग को बढ़ावा देने के लिये हर संभव प्रयास किये। उन्होंने चन्देरी के बुनकरों को नवीन तकनीकी सुधार अपनाने के लिए प्रेरित किया। चंदेरी वस्त्र उद्योग की तरक्की के लिए सिंधिया राजवंश के शासनकाल में *'वस्त्र प्रशिक्षण केन्द्र'* की स्थापना की गई थी, जो आज भी कार्यरत है। चंदेरी की साड़ियाँ प्रमुख रुप से आंध्रप्रदेश और महाराष्ट्र में ज्यादा बिकती है और कलकत्ता, दिल्ली, बंगलौर आदि महानगरों में भी इन साड़ियों की खरीद के प्रति नारी समाज में विशेष आकर्षण है। चंदेरी के बुनकरों की दयनीय हालत को सुधारने का बीड़ा माधवराव सिंधिया ने उठाया। माधवराव सिंधिया ने चंदेरी की साड़ी उद्योग को बचाने के लिए कई कंपनियों एवं उद्योग घरानों से संपर्क किया। उनके प्रयासों से ही *'यूनाइटेड मेंशन इंडस्ट्रीयल डवलपमेंट आर्गेनाइजेशन'* एवं कई अन्य संगठ्न चंदेरी उद्योग को बचाने के लिये सक्रिय हुये। आज चंदेरी साड़ी उद्योग प्रगति के पथ पर अग्रसर हैं।

संचार माध्यमों का विकास

माधवराव सिंधिया बदलते हुए सामाजिक एवं आर्थिक परिदृश्य में संचार माध्यमों की भूमिका को अच्छी तरह से पहचानते थे। इस कारण उन्होंने ग्वालियर अंचल में अत्याधुनिक संचार माध्यमों की उपलब्धता सुनिश्चित की। ग्वालियर-चंबल को एस.टी.डी. एवं आई.

एस.डी. सुविधाओं से जुड़वाया। अत्याधुनिक इलैक्ट्रोनिक टेलीफोन एक्सचेंजों की स्थापना करवाने में योगदान प्रदान किया। देश के 214 महत्वपूर्ण नगरों से ग्वालियर को एस.टी.डी./टेलेक्स सेवाओं से जोड़ा गया। ग्वालियर को आस्ट्रेलिया, आस्ट्रिया, बेल्जियम, जर्मनी, फ्रांस, इटली, जापान, हांगकांग, मलेशिया, नीदरलैण्ड, सिंगापुर, तुर्की तथा संयुक्त राज्य अमेरिका आदि पंद्रह देशों के लिए अंतर्राष्ट्रीय संचार सेवाएं उपलब्ध करवायी। मुरार और ग्वालियर के लिये स्वचालित अतिरिक्त एक्सचेंजों की स्थापना करवायी। माधवराव सिंधिया ने संचार के सशक्त माध्यम दूरदर्शन एवं आकाशवाणी के प्रसारणों की अधिक लोगों तक पहुँच के लिए ग्वालियर में उच्च शक्ति ट्रांसमीटर की स्थापना करवायी, ताकि दूरदर्शन सभी तक पहुँच सके। ग्वालियर में दूरदर्शन के स्टूडियों का निर्माण उनके प्रयासों से ही हुआ। इससे स्थानीय प्रतिभाएँ सामने आ सकेंगी। ग्वालियर में आकाशवाणी का हाई पावर ट्रांसमीटर उन्हीं के प्रयासों से ही लगा।

माधवराव सिंधिया के प्रयासों से ही गुना-शिवपुरी क्षेत्र में संचार माध्यमों का विकास तीव्र गति से हुआ। दूरदर्शन, आकाशवाणी एवं टेलीफोन सेवाओं की पहुँच गुना-शिवपुरी क्षेत्र में माधवराव सिंधिया के अथक प्रयासों से ही हुई। उन्होंने इसके लिए केन्द्र सरकार में रहे मंत्रीयों से विशेष रुप से मिलकर कार्यो को साकार रुप प्रदान किया। गुना, शिवपुरी, अशोकनगर, चंदेरी में दूरदर्शन रिले केन्द्रों की स्थापना करवायी। गुना में इलैक्ट्रोनिक टेलीफोन एक्सचेन्ज की स्थापना करवायी। गुना और शिवपुरी में आकाशवाणी केन्द्रों की स्थापना करवायी। इस प्रकार माधवराव सिंधिया के प्रयासों से विकास में पिछड़े ये क्षेत्र राष्ट्र की मुख्य धारा से जुड़ सके।

कृषि अर्थव्यवस्था में योगदान

माधवराव सिंधिया ने अपने राजनैतिक जीवनकाल में कृषि अर्थव्यवस्था के सुदृढ़ीकरण के लिए सदैव प्रयत्न किया। उन्होंने कृषकों से जीवन्त संपर्क स्थापित किया और किसानों के हर सुख दुःख में उनके भागीदार बने। किसानों की फसलों को उचित मूल्य दिलाने के लिए उहोंने कई बार केन्द्रीय कृषि मंत्री से मुलाकात की और किसानों की बढ़ रही लागत के अनुरुप मूल्य निर्धारण के लिए कहा।

माधवराव सिंधिया ने किसानों के लिए कार्य सिंधिया राजवंश की परंपराओं के अनुरुप किया। सिंधिया राजवंश की कार्यप्रणाली किसानों एवं ग्रामों के प्रति प्रगतिशील थी। महाराज माधौराव सिंधिया (1886–1925 ई.) ने कृषकों को *'अन्नदाता'* की पदवी से विभूषित किया था। ग्वालियर राज्य ने सन् 1913 से लेकर 1920 ई. तक स्थान–स्थान पर लगभग डेढ़ हजार तालाब खुदवायें, जो आज भी पानी से लबालब है। सिंधिया शासकों ने कृषि के विस्तार हेतु बीहड़ों का समतलीकरण भी करवाया था।

माधवराव सिंधिया अपने पूर्वजों की कृषि नीति एवं कार्य प्रणाली का अनुसरण करते रहे। उन्होंने मंदसौर जिले में आई बाढ़ एवं शाजापुर जिले में हुई ओलावृष्टि के समय किसानों की हरसंभव मदद की। उन्होंने अपने व्यस्ततम् राजनैतिक कार्यक्रमों में से हमेंशा समय निकालकर ग्रामीण क्षेत्रों का दौरा किया।

माधवराव सिंधिया ने कृषकों की स्थिति सुधारने एवं कृषि में नवीन प्रयोग करने एवं किसानों को आसान किस्तों पर ऋण दिलाने के लिए सहकारी संस्थाओं की स्थापना के लिए प्रोत्साहित किया। माधवराव सिंधिया के पूर्वजों ने भूतपूर्व ग्वालियर रियासत में आर्थिक सर्वेक्षण भी करवाया था। उन्होंने तहसील मुख्यालयों पर कृषि बैंक स्थापित किये। माधवराव सिंधिया ने सहकारी संस्थाओं के गठन एवं उनके प्रसार के लिए हर संभव मद्द प्रदान की। माधवराव सिंधिया ने डबरा में *'कृषि मंडी'* का उद्घाटन केन्द्रीय कृषि मंत्री बलराम जाखड़ से करवाया।

माधवराव सिंधिया ने कृषकों एवं ग्रामीण जनता का आर्थिक स्तर ऊँचा उठाने के लिए अनेक कार्य किये जिनमें से *'दुग्ध विकास परियोजना'* के अंतर्गत श्वेत क्रांति की दिशा में किया गया सार्थक प्रयास प्रमुख है। इससे ग्वालियर, दतिया, शिवपुरी, भिण्ड एवं मुरैना जिलों के कृषक परिवार लाभान्वित हुए। इसके अतिरिक्त उन्होंने दुग्ध सहकारी समितियों का गठन एवं सदस्यों में सहकारिता की भावना के सुदृढ़ीकरण की दिशा में भी प्रयास किये।

माधवराव सिंधिया ने संसद में किसानों के हितों की रक्षा के लिए हमेंशा आवाज उठायी। वैश्वीकरण के कारण किसानों पर पड़ने वाले प्रभावों को जोरदार ढंग से सदन के पटल पर रखा। भारत में

किसानों को मिलने वाली सब्सीडी कम करने पर उन्होंने केन्द्र सरकार को आड़े हाथों लिया था। उनका कहना था कि विकसित देश अपने किसानों को निर्धारित अन्तर्राष्ट्रीय मानदण्डों से अधिक सब्सीडी दे रहे है, जबकि हम उससे कम सब्सिडी अपने किसानों को दे रहे है। इसलिए किसानों की रक्षा के लिए सरकार को सकारात्मक दृष्टिकोण अपनाकर उनके हित में फैसला करना चाहिए।

माधवराव सिंधिया ने कृषि क्षेत्र के लिए सिंचाई सुविधा उपलब्ध करवाने के लिए केन्द्र एवं राज्य सरकारों से लगातार प्रयास किये। माधवराव ने सिंचाई सुविधाएं बढ़ाने की ओर शासन का ध्यान लगातार बंटाया, जिससे कई वृहद्, मध्यम एवं लघु सिंचाई योजनाओं पर सरकार ने ध्यान दिया। उन्होंने सिंध, पार्वती, बेतवा, कूनों और छोटी-छोटी बारहमासी नदियों के द्वारा सिंचाई सुविधाओं की बढ़ोत्तरी की तरफ शासन का ध्यान दिलाया।

माधवराव सिंधिया ने कई सिंचाई परियोजनाओं की स्वीकृत्ति एवं निर्माण में अपना सहयोग प्रदान किया। उन्होंने कई नहरों, बाँधों एवं तालाबों के निर्माण हेतु प्रयास किये। जैसे-ककेटो, तिघरा नहर का निर्माण, राजघाट, महुअर, बधुना, परौंच तथा अन्य 26 लघु सिंचाई परियोजनाओं का निर्माण करवाया। मढ़ीखेड़ा, मोहिनी सागर जैसी सिंचाई परियोजनाओं के साथ ही गुना क्षेत्र में छोटे-बड़े कुल सैंतीस तालाबों का निर्माण कराया। इसके अतिरिक्त माधवराव सिंधिया ने ग्वालियर अंचल में *'राजीव गाँधी जलग्रहण मिशन'* के अंतर्गत अनेक वाटरशेड बनवाये, जिससे सैंकड़ों ग्रामों में सिंचाई हो रही हैं। सिंधिया के प्रयासों से लगभग एक सौ उनहत्तर तालाबों का निर्माण पृथक से किया गया।

माधवराव सिंधिया का ग्रामों एवं किसानो से लगाव बचपन से ही था इसी कारण वे ग्रामों और किसानों की समस्याओं को अच्छी तरह से समझ सके। सिंधिया स्कूल के छात्र के रुप में माधवराव सिंधिया ने सर्वप्रथम 'सौंसा ग्राम' (जिला ग्वालियर) को देखा था, जब सिंधिया स्कूल का कैंप ग्राम सेवा के लिए ग्राम सौंसा मे लगा। सौंसा ग्राम में लगे कैंपों के द्वारा माधवराव सिंधिया ने अपने छात्र जीवन से ही ग्रामीण जीवन, रहन-सहन एवं ग्रामीण जीवन की आवश्यकताओं को समझा। माधवराव सिंधिया का कृषि प्रेम एवं कृषि संबंधी विधाओं

को समझने का प्रयास अद्भुत था। वे कई बार जयविलास महल परिसर में स्थित खेतों में हँसिया लेकर जाते और स्वयं गेहूँ काटते थे तथा स्वयं ही ट्रैक्टर चलाकर लाते और थ्रेसर से गेहूँ निकालने की प्रक्रिया में स्वयं सक्रिय रुप से हिस्सा लेते थे।

सामाजिक उत्थान के लिए कार्य

माधवराव सिंधिया ने देश एवं प्रदेश के सामाजिक उत्थान के लिए व्यापक परिप्रेक्ष्य में कार्य किये। सामाजिक एवं शैक्षणिक रुप से पिछड़े इस देश एवं प्रदेश की जनता को नवीन आधुनिक वैचारिक संदर्भ उन्होंने प्रस्तुत किये। माधवराव सिंधिया ने अंधकार में डूबे समाज को नई रोशनी प्रदान की। उन्होंने अंधविश्वासों एवं सामाजिक कुरीतियों पर आधुनिक दृष्टिकोण अपनाकर तार्किक ढंग से प्रहार किया।

माधवराव सिंधिया समाज के विभिन्न वर्गो की भलाई चाहते थे। समाज में सदियों से दबे कुचले वर्गो की उन्होंने हमेशा पैरवी की। भारत जैसे बहुधर्मी, बहुसम्प्रदायी और बहुभाषी देश में शोषित, पीड़ितों और पिछड़ों को सामाजिक न्याय दिलाने में माधवराव सिंधिया सदैव आगे रहे। समाज में पद प्रतिष्ठा खो चुके वर्गो की भलाई के लिए उन्होंने सदैव आगे बढ़कर मद्द की। माधवराव सिंधिया विपत्ति के समय गरीबों की सहायता अपने निजीकोष से धनराशि देकर करते थे। उनकी यह परंपरा ग्वालियर राजघराने में आज भी जारी है। माधवराव सिंधिया समाज के कमजोर पिछड़े वर्गो के उत्थान के लिये गहरी रुचि लेकर कार्य करते थे इसी कारण सदैव पिछड़े और कमजोर वर्ग के लोगों की भलाई के लिए संघर्ष करते रहे। उन्होंने गरीबों के आर्थिक विकास को पहली प्राथमिकता दी। आम आदमी आसानी से उनसे मिल सकता था और अपनी समस्या को समझा सकता था। वे गरीब से गरीब व्यक्ति से आत्मीयता के साथ मिलते थे तथा उनके दुःख दर्द बाँटने में उन्हें महारत प्राप्त थी।

माधवराव सिंधिया सदैव गरीबों और अमीरों के बीच की खाई पाटने में लगे रहे। उन्होंने अपनी अमीरी को गरीबों के बीच दीवार नहीं बनने दिया। ग्रामों में व्याप्त गरीबों और अमीरों के बीच की खाई को पाटने की वो हमेशा बात करते थे। वे कहते थे कि गरीबी

के सागर में अमीरी के द्वीप नहीं होना चाहिए। माधवराव का मानना था कि हमें गरीबों को गरीबी के सागर से बाहर निकालना हैं। माधवराव सिंधिया समाज के गरीब तबकों के लोगों को अपने निजी कोष से धन देकर आर्थिक मदद करते थे। उन्होंने गरीबों के बीच अनेकों बार कई आवश्यक वस्तुओं का मुफ्त वितरण भी किया।

माधवराव सिंधिया ने हरिजन आदिवासियों के सामाजिक उन्नयन के लिए हमेशा प्रयास किये। समाज में व्याप्त इन वर्गों के प्रति भेदभाव एवं ऊँच-नीच का उन्होंने हमेंशा विरोध किया। माधवराव सिंधिया ने तत्कालीन प्रधानमंत्री मोरारजी देसाई को पत्र लिखा था कि केंद्रीय मंत्रीमण्डल में दो नए मंत्रालय बनाए जाएं। देश में हरिजनों एवं आदिवासियों के साथ स्वस्थ्य एवं सम्मान का वातावरण निर्मित नहीं हो सका है। अतः इन वर्गो की समस्याओं के निराकरण हेतु पृथक-पृथक मंत्रालयों की स्थापना करना चाहिए। अतः माधवराव सिंधिया इन वर्गो के सामाजिक उत्थान के लिए सदैव क्रियाशील रहे और इन वर्गो को समुचित लाभ दिलाने में भी सफल रहें।

माधवराव सिंधिया ने समाज में व्याप्त जातिवाद का हर स्तर पर विरोध किया। उन्होंने जाति के आधार पर समाज को बांटकर अपना हित साधने वाले लोगों पर कड़ा प्रहार किया। उनका मानना था कि इससे राष्ट्र की भावनात्मक एकता कमजोर होती हैं। हमें किसी जाति विशेष या समूह विशेष को अति प्रोत्साहन या अपमानित करने की नीति न अपनाते हुए, सर्ववाद का रास्ता अपनाना चाहिए। उन्होंने जातिवादी ताकतों पर कड़े प्रहार करते हुए, आश्चर्य जताया कि एक ओर हम समानता पर आधारित शोषण मुक्त समाज की स्थापना एवं राष्ट्रभक्ति की बातें करते है, वहीं दूसरी ओर समाज एवं जाति की बात आने पर हमारा दृष्टिकोण संकुचित हो जाता है। माधवराव सिंधिया ने अपने जीवन काल में कभी भी न तो किसी जाति को उत्तेजित किया और न ही अपमानित किया।

माधवराव सिंधिया ने सामाजिक उत्थान में कार्यरत संस्थाओं और स्वयंसेवी संगठनों को प्रोत्साहित किया और अपना पूर्ण सहयोग दिया। उन्होंने बाल सुधार गृहों, महिला उत्पीड़न मुक्ति संस्थानों, अनाथ आश्रमों, अंध आश्रमों, नारी उत्थान संस्थानों आदि को अपना पूर्ण सहयोग दिया और वक्त-वक्त पर अपने निजी कोष से धन देकर सहायता भी प्रदान की। माधवराव सिंधिया ने ग्वालियर में संचालित

माधव अनाथालय, मुरार स्थित अनाथाश्रम, माधव अंध आश्रम, बाल सुधार गृह, महिला सुधार गृह तथा महिलाओं के उत्थान के लिए कार्यरत तमाम संगठ्नों को भवन, भूमि एवं अपने निजी कोष से धनराशि उपलब्ध करवायी।

माधवराव सिंधिया ने महिलाओं एवं बच्चों के कल्याण के लिए कई योजनाओं पर कार्य किया। उन्होंने महिलाओं एवं बच्चों के विकास को सभी तक पहुँचाने के लिए व्यापक कार्ययोजना बनायी। इसके लिए उन्होंने ग्राम पंचायतों एवं स्वयं सेवी संगठ्नों की मद्द ली और इनके माध्यम से सीधे महिलाओं एवं बच्चों तक लाभ पहुँचाया। उन्होंने बाल मजदूरी एवं खतरनाक उद्योगों से बालश्रम के अभिशाप को समाप्त करने के लिए कार्य किया। इस प्रकार माधवराव सिंधिया समाज का संतुलित एवं सर्वांगीण विकास करना चाहते थे।

धार्मिक क्षेत्र में योगदान

माधवराव सिंधिया स्वभाव से ही धार्मिक प्रवृत्ति के व्यक्ति थे। राजमाता विजयाराजे सिंधिया की धार्मिक आस्था का उन पर बहुत गहरा प्रभाव पड़ा था। उन्होंने अपने जीवनकाल में सारे धार्मिक उत्सवों को बड़ी तन्मयता से मनाया। हिन्दू धर्म में उनकी आस्था अपने पूर्वजों से किसी भी दृष्टि में कम न थी। उन्होंने रियासत के समय से चल रहे सभी धार्मिक रीति-रिवाजों में हिस्सा लिया एवं उन्हें पूरे धार्मिक तौर-तरीकों से मनाया।

माधवराव सिंधिया जयविलास में हर त्यौहार को बड़े उत्साह से मनाते थे। दीपावली पर स्वयं वे दीप मालाएँ जलाते एवं आतिशबाजी का आनन्द लेते थे। होली पर महल परिसर में बड़े पत्थर के हौंज में प्राकृत्तिक रंग घोला जाता था और महाराज स्वयं जनता के साथ होली खेला करते थे। विजयादशमी पर्व पर प्रख्यात *मांडरे की माता मंदिर* के प्रांगण में शमीपूजन करने के पश्चात् गोरखी स्थित देवघर में कुलस्वामी की पूजा अर्चना करते थे तथा हर वर्ष गोरखी स्थित सूफी संत *बाबा मंसूर साहब की समाधि* पर फूलों की चादर चढ़ाकर दुआ मांगने जाया करते थे।

ग्वालियर का सिंधिया राजपरिवार अपनी सांप्रदायिक एवं धर्मनिरपेक्ष कार्यप्रणाली के लिए देशभर में जाना जाता है। सिंधिया शासकों के

सांप्रदायिक सौहार्द, धर्मनिरपेक्षता एवं सद्भाव का सबसे अच्छा उदाहरण ग्वालियर का फूलबाग परिसर हैं, जहाँ सभी धर्मो के पूजास्थल सिंधिया शासकों ने निर्मित करवाये। गोरखी स्थित सिंधिया परिवार का देवघर सांप्रदायिक सद्भाव व धर्मनिरपेक्षता की खूबसूरत मिसाल है। गोरखी मंदिर में जहाँ सिंधिया परिवार के इष्ट देवता प्रतिष्ठित हैं, वहीं पर मंसूर शाह वली का भी आशियाना हैं, शाह मंसूर के इसी आशियाने में माधवराव सिंधिया अपने पारिवारिक रस्मों-रिवाज के अनुसार हर वर्ष तीसरे कुंआर पर उर्स में सम्मिलित होते थे। ग्वालियर के सिंधिया शासकों ने दशहरा और मुहर्रम के धार्मिक कार्यक्रमों को बड़ी भव्यता से मनाने की परंपरा राजकुल में डाली।

माधवराव सिंधिया ने सिंधिया वंश की परंपराओं को निभाते हुए हर वर्ष मोहर्रम पर ताजिया रखवाया। उन्होंने 1980 ई. में ऊषा किरण पैलेस होटल के अहाते मे ताजिया रखवाया और 1981 ई. से यह ताजिया गोरखी प्रांगण में रखा जाने लगा। तभी से यह रस्म हर साल बिना व्यवधान के प्रतिवर्ष जारी हैं। इस प्रकार माधवराव सिंधिया ने धार्मिक सद्भाव के लिए अपने आपको समर्पित रखा।

माधवराव सिंधिया धर्मनिरपेक्षता एवं साम्प्रदायिक सद्भाव को मजबूत बनाने के लिए आजीवन संकल्पित रहे, उनकी दृढ़ मान्यता थी कि भारत जैसे बहुलतावादी देश में धर्मनिरपेक्षता और साम्प्रदायिक सद्भाव के बिना देश की एकता एवं अखण्डता को सुरक्षित नहीं रखा जा सकता। वे मानते थे कि भारतीय संस्कृति बहुत ही महान संस्कृति है। इसमें धर्म निरपेक्षता के मायने बहुत ही विस्तृत है, हमारे देश में सभी धर्मो को एक दृष्टि से देखा जाता है। मुझे गर्व है कि मैं हिन्दू हूँ क्योंकि हिन्दू धर्म सभी धर्मो का आदर करता हैं। धर्म को आधार बनाकर कोई भी राष्ट्र मजबूत नहीं बना हैं। धर्म, जाति के नाम पर जो देश के बंटवारे की बात करता हैं, वह देशद्रोही हैं। भारत ने हमेंशा सभी धर्मो के समन्वय, सद्भाव, भाईचारा, एकता व अखण्डता को प्रश्रय दिया हैं। माधवराव सिंधिया ने सांप्रदायिकता एवं कट्टरवाद का हमेंशा विरोध किया। उनका कहना था कि किसी समुदाय के चंद लोगों का कट्टरवाद उनके अपने लोगों की प्रगति में बाधक बन जाया करता है।

माधवराव सिंधिया का कहना था कि हमकों संकीर्ण विचारों की मानसिकता को त्याग देना चाहिए। राजनीतिक दल और असामाजिक तत्व जो नस्लवाद, धार्मिक उन्माद को बढ़ावा देते हैं, उनसे सख्ती से निपटना चाहिये। माधवराव सिंधिया कहते थे कि धर्म निरपेक्षता के बिना भारत की एकता और अखण्डता को सुरक्षित नहीं रखा जा सकता है। मैं इस बात से चिंतित हूँ कि समाज में कुछ ऐसे विभाजनकारी तत्व सक्रिय हैं, जो हमारी गंगा-जमुनी संस्कृति को विकृत करना चाहते हैं।

कला एवं संस्कृति क्षेत्र में योगदान

माधवराव सिंधिया ने कला एवं संस्कृति के उन्नयन में अपना महत्वपूर्ण सहयोग प्रदान किया। माधवराव सिंधिया ने नवीन निर्माण कार्य कराते समय स्थानीय कला एवं संस्कृति का पूरा ध्यान रखा। वास्तुकला के बारे में उनका स्पष्ट कहना था कि जहाँ नवीन ईमारतें या भवन बनें, वहाँ की वास्तुकला विशेष का ध्यान रखा जाये। उन्होंने ग्वालियर में नव निर्मित *'रेलवे स्टेशन के भवन', 'हवाईअड्डे के भवन'* एवं *'पर्यटन एवं यात्रा प्रबंध संस्थान'* के भवन के निर्माण के समय स्थानीय ग्वालियर की वास्तुकला का समावेश करवाया।

ग्वालियर में संगीत की प्राचीन परंपरा रही है। तानसेन के समय से ही ग्वालियर संगीत के रुप में प्रसिद्धि पाने लगा था। बैजूबावरा जैसे संगीतज्ञ भी ग्वालियर की शान रहे है। माधवराव सिंधिया जब मानव संसाधन एवं विकास मंत्री बने तो उन्होंने ग्वालियर में *'हिन्दुस्तानी संगीत विद्यालय'* की स्थापना की योजना को स्वीकृत्ति प्रदान कर संगीत के क्षेत्र को प्रोत्साहित किया।

माधवराव सिंधिया ने कला एवं संस्कृति को बढ़ावा देने के लिए *'बहुआयामी कला केन्द्र'* की स्थापना को स्वीकृति प्रदान की। मानव संसाधन एवं विकास मंत्री रहते उन्होंने इसके लिए धनराशि की व्यवस्था केन्द्र सरकार से की। यह देश का एक अद्‌भुत कलात्मक, कलार्केद्र होगा। इस बहुआयामी कला केन्द्र में ग्वालियर की संगीत कला धरोहर को संरक्षित किया जाएगा। माधवराव सिंधिया ने हस्तकला को प्रोत्साहन देने के लिए एवं हस्तकला के सँरक्षण तथा प्रशिक्षण के लिए ग्वालियर के पास बरई ग्राम में *'हैण्डीक्राफ्ट योजना'*

को क्रियात्मक करने के लिए 2 करोड़ 80 लाख रुपये मंत्रालय से स्वीकृत किये। माधवराव ने दस्तकारी शिल्प को प्रोत्साहन देने के लिए ग्वालियर मेला मैदान में *'दस्तकारी हॉट'* का निर्माण करवाया। इससे क्षेत्रीय कला को प्रोत्साहन मिलेगा।

माधवराव सिंधिया ने ग्वालियर मेले में कला एवं संस्कृति से संबंधित अनेक कार्यक्रमों को आयोजित करवाया। उन्हीं की प्रेरणा से देश के सर्वश्रेष्ठ कलाकारों ने अपनी प्रस्तुती ग्वालियर मेले में दी। मेले में आयोजित सांस्कृतिक कार्यक्रमों में – कवि सम्मेलन, मुशायरा, संगीत, नृत्य आदि के लिए 'कला मंदिर' और फिल्मी जगत के कलाकारों के लिए 'खुलामंच' उपलब्ध है। इसमें देश के प्रसिद्ध कवि, शायर, संगीतज्ञ, नृत्यांगनाएँ, कलाकार प्रतिवर्ष भाग लेते है। मेले में लगने वाली प्रदर्शनियाँ कला एवं संस्कृति का जीवन्त उदाहरण पेश करती हैं। प्रदर्शनियों में देश के रहन-सहन वेशभूषा, कला, संस्कृति आदि का प्रदर्शन किया जाता है। माधवराव सिंधिया ने मेले में शिल्प बाजार के विकास में प्रत्यक्ष भूमिका निभाई। उन्होंने मेंले में *'दस्तकारी हॉट'* का निर्माण कराया, जो देश में दूसरा एवं मध्यप्रदेश में प्रथम ऐसा दस्तकारी हॉट हैं। शिल्प बाजार एवं दस्तकारी हॉट के द्वारा भारतीय संस्कृति एवं सभ्यता का प्रदर्शन होगा।

माधवराव सिंधिया, ग्वालियर की कला एवं संस्कृति के पोषक रहे। उन्होंने ग्वालियर में कला एवं संस्कृति के समारोहों के आयोजन में महत्वपूर्ण भूमिका निभायी थी। ग्वालियर में मोतीमहल परिसर में स्थित बैजाताल में जल के बीच में तैरता हुआ रंगमंच निर्मित करवाया, जिस पर अनेकों बार सांस्कृतिक कार्यक्रमों का निरंतर आयोजन करवाया। इस रंगमंच पर राष्ट्रीय ही नहीं बल्कि अंतर्राष्ट्रीय स्तर के कलाकारों ने साँस्कृतिक कार्यक्रमों को पेश किया। जिसमे जर्मनी एवं मलेशिया के कलाकारों की साँस्कृतिक प्रस्तुति से ग्वालियर अंतर्राष्ट्रीय साँस्कृतिक संपर्क में आया। माधवराव सिंधिया ने साँस्कृतिक कार्यक्रमों के क्रमों में ग्वालियर से दूर ऐतिहासिक नगरी नरवर में स्थित *मोहनी सागर बाँध* पर एक अनूठा *'युवा महोत्सव'* आयोजित करवाया। जिसमें देश के विभिन्न भागों से आये युवकों एवं युवतियों ने अपने साँस्कृतिक कार्यक्रमों को प्रस्तुत किया। कला संस्कृति के क्षेत्र में ग्वालियर की महत्वपूर्ण संस्था *'लिटिल बैले ट्रूप'* को भोपाल

स्थानान्तरित किये जाने के बाद हुये ह्रास को पूर्ण करने के उद्देश्य से माधवराव सिंधिया के प्रयासों से ग्वालियर में *'कला समूह'* एवं *'कला वीथिका'* की स्थापना की गयी। इस प्रकार माधवराव सिंधिया ने कला एवं संस्कृति के क्षेत्र में अपना महत्वपूर्ण योगदान दिया।

शहरी क्षेत्र विकास में योगदान

माधवराव सिंधिया ने शहरी क्षेत्र के विकास के लिए अत्याधुनिक योजनाओं को लागू करवाया। ग्वालियर, गुना, शिवपुरी एवं चंदेरी के साथ-साथ समूचे ग्वालियर अंचल के नगरों को आधुनिक रुप देने के लिए योजनाएँ बनाई। ग्वालियर शहर में नये ग्वालियर के निर्माण की आधारशिला माधवराव सिंधिया ने रखी। ग्वालियर में *'मेंग्नेटिक सिटी'* का निर्माण उनका सपना था। इसके लिए उन्होंने एक नई टीम गठित की और अपने विश्वसनीय एवं प्रिय अधिकारियों को योजना को साकार रुप देने के लिए नियुक्त किया। सन् 1992 ई. में *'मेंग्नेटिक शहर'* की स्थापना हेतु राष्ट्रीय राजधानी बोर्ड द्वारा इस महत्वाकांक्षी योजना को स्वीकृत्ति प्रदान की, जिसमें ग्वालियर व मुरैना जिले के छत्तीस गाँवों का लगभग तीस हजार हेक्टर क्षेत्र शामिल किया गया हैं। परियोजना के प्रथम चरण के क्रियान्वयन हेतु लगभग तीन हजार हेक्टर क्षेत्र पर अद्योसंरचना विकसित करने का प्रावधान किया गया है। इस विकास योजना में तीन नए केन्द्रों को विकसित करने का प्रस्ताव है, जिसमें एक संख्यात्मक दूसरा वाणिज्यिक और तीसरा औद्योगिक केन्द्र के रुप में विकसित किया जाएगा।

ग्वालियर मेंग्नेटिक सिटी में आई.टी. पार्क, वृन्दावन गार्डन, मनोरंजन पार्क, गोल्फ क्लब तथा रीजनल आर्ट, क्राफ्ट एवं डिजायन सेन्टर की स्थापना भी की जाएगी। आने वाले वर्षो में ग्वालियर महानगर की यह महत्वाकांक्षी योजना मूर्तरुप लेकर राष्ट्रीय मानचित्र पर स्थापित होगी। माधवराव सिंधिया ने ग्वालियर के विकास की एक रुपरेखा बनायी और उसे मूर्तरुप देना शुरु किया। ग्वालियर के नगर-नियोजन हेतु अनेक योजनाओं को प्रारंभ करवाया। उन्होंने ग्वालियर विकास प्राधिकरण में अपने विश्वसनीय लोगों को अध्यक्ष बनाकर भेजा और उनको ग्वालियर के नगर-नियोजन की रुपरेखा से अवगत कराया।

ग्वालियर विकास प्राधिकरण ने उनके मार्गदर्शन में अनेक योजनाओं को साकार रुप प्रदान किया। *'ट्रांसपोर्ट नगर'* योजना को आगरा बम्बई राजमार्ग पर विकसित किया गया हैं। इस परियोजना में 1975 व्यावसायिक भू खण्डों को यातायात के लिए विकसित किया गया हैं। *'सिटी सेन्टर योजना'*–प्राधिकरण ने लश्कर, पुराने ग्वालियर एवं मुरार उपनगरों के बीच में आवासीय एवं व्यावसायिक भवनों को विकसित किया हैं। इस योजना में लगभग दो हजार भूखण्ड विकसित किये गये है। *'आनन्द नगर योजना'* आगरा–बम्बई मार्ग पर ट्रांसपोर्ट नगर के पास यह योजना क्रियान्वित की गयी हैं। इसके लिये दो सौ तीस बीघा जमीन अधिग्रहित की गई हैं। इसमें एक सौ तेइस बीघा क्षेत्र में फल तथा सब्जी का थोक बाजार विकसित किया जा रहा है।

माधवराव सिंधिया के निर्देशन में ग्वालियर विकास प्राधिकरण ने अन्य बड़ी योजनाओं को भी साकार रुप दिया। *'विनय नगर योजना'* – यह आवास योजना आर्थिक रुप से कमजोर वर्ग के लिए बनायी गयी हैं। यह आवास योजना अपना साकार रुप ले चुकी हैं। इसके अतिरिक्त शहर में अशोक कॉलोनी, बहोड़ापुर, शीलनगर, गाँधीरोड़, आवासीय योजना का ऩिर्माण कराया गया। माधवराव सिंधिया ने ग्वालियर की आवासीय समस्या सुलझाने के लिए तथा सुनियोजित नगर नियोजन के तहत ग्वालियर – भिण्ड मार्ग पर महाराजपुर हवाई अड्डा से पहले एशिया की सबसे बड़ी कॉलोनियों में से एक *'शताब्दीपुरम् योजना'* का निर्माण करवाया। ग्वालियर विकास प्राधिकरण के द्वारा *'अपना घर योजना'* में 18500 लोगों को आवास उपलब्ध करने की योजना हैं। ग्वालियर का विकास अब बिना रुके हो रहा है। इसका अपना एक संचार नेटवर्क, ट्रांसपोर्ट नेटवर्क, उद्योग नेटवर्क, कृषि तथा शैक्षिक आधार है।

माधवराव सिंधिया ने नगर नियोजन एवं शहरी विकास के अपने मिशन में अनेक योजनाओं को साकार रुप प्रदान किया। पर्यटन की दृष्टि से चंदेरी की ऐतिहासिक धरोहर को चिरस्थायी बनाने के लिए केन्द्र सरकार से मास्टर प्लान लागू कराया। चंदेरी में न्यूयॉर्क के वास्तुविद् द्वारा निर्मित बस स्टैंड सिंधिया के ही प्रयासों का प्रतिफल हैं। विशेष क्षेत्र विकास प्राधिकरण के अध्यक्ष पद पर स्वयं रहकर

उन्होंने क्षेत्र के विकास के पूरे प्रयास किए। इसके अतिरिक्त माधवराव सिंधिया ने गुना, शिवपुरी, मुरैना एवं भिण्ड के नगरों को विकसित करने का पूरा प्रयास किया।

माधवराव सिंधिया ने नगरों के सुनियोजित विकास की योजना के दौरान पेयजल व्यवस्था एवं मल-निकास व्यवस्था की योजनाओं को भी साकार रुप प्रदान किया। ग्वालियर में मल-जल निकास योजना की वृहद सीवर योजना का प्रस्ताव स्वीकृत करवाया और पूरे शहर में सीवर लाईन बिछाई जा चुकी हैं। ग्वालियर के लिए 120 एम.एल.डी. एवं मुरार क्षेत्र में 86 एम.एल.डी. क्षमता के मल, जल शोधन संयंत्र स्वीकृत करवाये। 2 करोड़ 80 लाख रुपये की लागत से 16000 से अधिक शुष्क शौंचालयों की स्वीकृति दिलवायी। पेयजल योजना के तहत माधवराव सिंधिया ने ककेटो, तिघरा, पोषक नहर द्वारा तिघरा को जल प्रदाय की व्यवस्था करवायी। नगर में पेयजल आपूर्ति हेतु चार बड़ी टंकियाँ, 45 एम.जी.डी. क्षमता के फिल्ट्रेशन प्लान्ट, 110 मोहल्लों में 45 कि.मी. पाईप लाईन व्यवस्था आदि कार्य करवाये। इसके अतिरिक्त डबरा, आरोन, भिण्ड, गोहद, खनियांधाना, बामौर, बढ़ौदा, विजयपुर, ईसागढ़ के लिये अतिरिक्त पेयजल योजनाओं को साकार रुप प्रदान किया

खेलों के क्षेत्र में योगदान

माधवराव सिंधिया ने खेलों के क्षेत्र में ऐतिहासिक कार्यों का संपादन किया। उन्होंने खेल प्रशासक के रुप में देश-विदेश में खासी ख्याति प्राप्त की थी। माधवराव सिंधिया ने क्रिकेट, हॉकी सहित कई खेलों को अपना प्रत्यक्ष समर्थन दिया। उन्होंने संसद में रहते हुए भी खेलों की आत्मा को जीवित रखा और कई बार संसद की क्रिकेट टीम के कप्तान भी रहे। वे स्वयं क्रिकेट, हॉकी, ब्रिज, गोल्फ आदि के अच्छे खिलाड़ी थे।

माधवराव सिंधिया को क्रिकेट से अत्यधिक लगाव था, इसी कारण वे क्रिकेट प्रशासनिक बॉडी के सदस्य बने एवं कई बार विभिन्न क्रिकेट संघों के अध्यक्ष भी रहे। 1967 ई. में ग्वालियर डिवीजन क्रिकेट एसोसिएशन की स्थापना हुई और 1976 ई. में माधवराव सिंधिया इस एसोसिएशन के अध्यक्ष बने। अपने अध्यक्षीय कार्यकाल

के दौरान माधवराव सिंधिया की कप्तानी में ग्वालियर ने सीनियर डिवीजन क्रिकेट टूर्नामेंट के मुकाबले में उज्जैन को हराया।

माधवराव सिंधिया वर्ष 1982-83 ई. में *'मध्यप्रदेश क्रिकेट एसोसिएशन'* के अध्यक्ष बने और तब से लगातार 19 वर्षो तक, मृत्युपर्यंत तक एसोसिएशन के अध्यक्ष पद पर बने रहे। इस पद के दौरान एसोसिएशन और प्रदेश के क्रिकेट के विकास में मील का पत्थर का कार्य उन्होंने किया। माधवराव सिंधिया 1991-1993 ई. तक *'भारतीय क्रिकेट कंट्रोल बोर्ड'* (बी.सी.सी.आई.) के अध्यक्ष रहे। इस दौरान उन्होंने देश के इस संगठन को विश्व के सबसे धनी क्रिकेट संगठन के रुप में बदल दिया। माधवराव सिंधिया भारत में 1996 ई. में हुए *'विल्स विश्वकप'* क्रिकेट मैंचों की समिति *पिल्कॉम* के अध्यक्ष रहे। यह विश्वकप भारत, पाकिस्तान एवं श्रीलंका ने संयुक्त रुप से आयोजित किया था। उनके नेतृत्व में विश्वकप का सफल आयोजन हुआ।

माधवराव सिंधिया ने खेल प्रशासक के तौर पर ग्वालियर में क्रिकेट सुविधाओं का विकास पूर्ण मनोयोग से किया। ग्वालियर में अंतर्राष्ट्रीय स्तर की क्रिकेट सुविधाएँ उपलब्ध करवाई। ग्वालियर के *कैप्टन रुपसिंह क्रिकेट स्टेडियम* को अत्याधुनिक एवं अंतर्राष्ट्रीय स्तर का स्टेडियम बनाया एवं उसमें सभी अत्यावश्यक सुविधाओं का विकास करवाया। ग्वालियर का रुपसिंह क्रिकेट स्टेडियम *सेन्ट्रल जोन* का पहला और देश का छठवां ऐसा क्रिकेट स्टेडियम है, जहाँ खिलाड़ियों के लिए विश्वस्तरीय सुविधाएँ उपलब्ध हैं। वे रुपसिंह स्टेडियम को इंग्लैण्ड के लॉर्ड्स क्रिकेट स्टेडियम की तरह भव्य और आकर्षक बनाना चाहते थे।

माधवराव सिंधिया ने ग्वालियर में क्रिकेट को बढ़ावा देने के लिए कई कार्य किये। रुपसिंह स्टेडियम में अंतर्राष्ट्रीय स्तर के मैच आयोजित हो सकें, इस हेतु 1984 ई. में पिच विशेषज्ञ सीताराम को नियुक्त किया। ग्वालियर स्टेडियम की *गैटिंग पिच* को निकलवाकर उसकी जगह *'टर्फ पिच'* बनवायी। रुपसिंह स्टेडियम में 1989 ई. में प्रथम अंतर्राष्ट्रीय एक दिवसीय मैच भारत एवं वेस्टइंडीज के बीच हुआ। रुपसिंह स्टेडियम, ग्वालियर में दिन-रात का मैच आयोजित करने के लिए *फ्लड लाईट्स* लगवायी। यह फ्लड लाईट्स 1995 ई.

में लगकर तैयार हुई और 21 फरवरी 1996 ई. में भारत और वेस्टइंडीज के बीच दूधिया रोशनी में पहला मैच रुपसिंह स्टेडियम में हुआ। रुपसिंह स्टेडियम में 1997 ई. में विश्व में प्रथम बार पाँच दिवसीय दिन-रात का मैच रणजी ट्राफी क्रिकेट प्रतियोगिता के तहत ग्वालियर में खेला गया।

माधवराव सिंधिया ने मध्यप्रदेश क्रिकेट एसोसिएशन एवं भारतीय क्रिकेट कंट्रोल बोर्ड के अध्यक्ष रहते क्रिकेट खिलाड़ियों की सुख सुविधाओं का पूरा ध्यान रखा। रेलमंत्री रहते उन्होंने रेलवे में खिलाड़ियों को नौकरी दिलवायी। उनके अध्यक्ष बनने के पहले मध्यप्रदेश के रणजी ट्राफी खिलाड़ियों को द्वितीय श्रेणी में यात्रा करनी पड़ती थी। उनके अध्यक्ष बनने के बाद खिलाड़ियों को प्रथम श्रेणी में यात्रा करने की सुविधा मिलना शुरु हुई। उन्होंने क्रिकेट खिलाड़ियों को विश्वस्तरीय सुविधाएँ उपलब्ध करवायी।

माधवराव सिंधिया ने ग्वालियर में हॉकी को बढ़ावा देने के लिए कई कार्य किये। माधवराव सिंधिया स्वयं भी हॉकी बहुत अच्छी खेला करते थे, उन्हें ग्वालियर की जनता ने प्रत्यक्षतः छत्री मंडी खेल मैदान में स्थानीय खिलाड़ियों के साथ हॉकी खेलते देखा हैं। ग्वालियर के सिंधिया शासकों ने हॉकी की लोकप्रियता को देखते हुए 1919 ई. में स्थानीय स्तर पर *'सिंधिया हॉकी गोल्ड कप'* की शुरुआत करवायी। 1924 ई. में इस प्रतियोगिता को अखिल भारतीय स्तर का दर्जा मिला। स्वतंत्रता प्राप्ति के बाद मध्यभारत हॉकी संघ ने सिंधिया गोल्ड कप हॉकी प्रतियोगिता के आयोजन कराने की जिम्मेदारी ली। माधवराव सिंधिया ने रेलवे मंत्री बनते ही 1986 ई. में ग्वालियर में पृथक से *'रेलवे हॉकी स्टेडियम'* की आधारशिला रखी एवं 1987 ई. में स्टेडियम में *'एस्ट्रोटर्फ मैदान'* की व्यवस्था करवायी। इसका उद्घाटन भारत और पाकिस्तान के बीच हुए टैस्ट मैच के साथ हुआ। इस प्रकार माधवराव सिंधिया ने हॉकी को बढ़ावा देने के लिए आधुनिक सुविधाएँ उपलब्ध करवायी।

इस प्रकार माधवराव सिंधिया ने सामाजिक एवं साँस्कृतिक क्षेत्र में अपना महत्वपूर्ण योगदान दिया।

संदर्भ ग्रन्थ-सूची

1. भारती, राजेन्द्र एवं मिश्रा, डॉ0 अनिल - माधवराव सिंधिया संस्मरण-स्मृतियाँ, बिनार मीडिया (इण्डिया) प्रा0लि0, मुम्बई, 2005
2. भार्गव, ओमप्रकाश - राजमाता, कैक्स्टन प्रेस प्रा0लि0, नई दिल्ली, 1969
3. बांकरे, अरुण - ग्वालियर घराना, म0प्र0 हिन्दी ग्रंथ अकादमी भोपाल, प्रथम संस्करण, 1989
4. बनर्जी, ए0सी0 - पेशवा माधवराव प्रथम, ए0 मुखर्जी प्रिन्टेड लिमिटेड, कलकत्ता, द्वितीय संस्करण, 1968
5. बुल, एच0बी0 और हक्सर, के0एन0 - माधवराव सिंधिया ऑफ ग्वालियर, आलीजाह दरबार प्रेस, ग्वालियर, 1926
6. चक्रवर्ती, नटवर - भारत के देशी राज्य, हिन्दी बंगवासी प्रेस कलकत्ता, 1906
7. ग्रांट डफ, जेम्स कनिंघम - मराठों का इतिहास, अनुवादक लक्ष्कमीकांत मालवीय, महामना प्रकाशन मंदिर, इलाहाबाद, 1965
8. गौरी, गुलाब खाँ - ग्वालियर का राजनैतिक एवं साँस्कृतिक इतिहास, बी0आर0 पब्लिशिंग कार्पोरेशन, दिल्ली, 1986
9. केलकर, एन0 वासुदेव - ग्वालियर राज्य और भारत सरकार, प्रथम भाग, केलकर प्रकाशन, ग्वालियर, 1940
10. कटारे, रामकिशन - माधव स्मृतिका, नसिया जैन मंदिर, ग्वालियर, 2005

	–	माधव स्मृतिका, नसिया जैन मंदिर, ग्वालियर, 2006
11. कुरेशी, नईम	–	ग्वालियर विरासत, चम्बल पोस्ट प्रकाशन, ग्वालियर
	–	ग्वालियर के आसपास, चम्बल पोस्ट प्रकाशन, ग्वालियर, 2000
12. मजूपुरिया, डॉ0 संजय	–	ग्वालियर का इतिहास और उसके दर्शनीय स्थान, सुधा प्रकाशन, ग्वालियर, 1991
13. मजूपुरिया, डॉ0 संजय	–	सिंधिया स्कूल के सौ वर्ष (1897-1997 ई0), सुधा प्रकाशन, ग्वालियर, 1997
14. पाण्डेय, डॉ0 केशव,	–	केशव प्रयास, सिंधिया विकास विशेषांक, सागर प्रिंटर्स, ग्वालियर, 1989
15. रानाडे, महादेव गोविन्द	–	राइज एण्ड डवलपमेंट ऑफ दि मराठा पॉवर का हिन्दी अनुवाद, अनुवादक रमेश तिवारी, इतिहास प्रकाशन संस्थान, इलाहाबाद, 1965
16. रियासत ग्वालियर	–	तारीख-ए-जागीरदारान, रियासत ग्वालियर भाग-2, सागर प्रेस, मुम्बई, 1913
17. सिंधिया, माधवराव	–	जमींदार हितकारी, आलीजाह दरबार प्रेस, ग्वालियर, 1914
18. सरकार, यदुनाथ	–	शिवाजी और उसका युग, अनुवादक - मदनलाल जैन, शिवलाल अग्रवाल एण्ड कम्पनी, प्रा0लि0, आगरा, हिन्दी प्रथम संस्करण, 1964
19. शर्मा, लल्लू प्रसाद	–	ग्वालियर का परिचय, आलीजाह दरबार प्रेस, ग्वालियर प्रथम संस्करण, 1934
20. शर्मा, राजेन्द्र	–	पुण्य स्मरण, श्री राधिका प्रकाशन प्रा0लि0, भोपाल, 2003
21. सिंधिया, बलवंतराम भैयासाहब	–	हिस्ट्री ऑफ दि फोर्ट्स ऑफ ग्वालियर, बम्बई, 1992
22. सरदेसाई, गोविन्द सखाराम	–	मराठों का नवीन इतिहास, अनुवादक राधेमोहन अग्रवाल, शिवलाल अग्रवाल एण्ड कम्पनी प्रा0लि0, जयपुर, आगरा,

इंदौर, द्वितीय संस्करण, सन् 1964

23. सिंधिया, विजयाराजे (मृदुला सिन्हा,संपादन) – राजपथ से लोकपथ पर, प्रभात प्रकाशन, नई दिल्ली, 1997

24. वाजपेयी, लक्ष्मीधर – मराठों का उत्कर्ष, तरुण भारत ग्रंथावली, प्रयाग, सन् 1921

25. विश्वास, डॉ0 उपेन्द्र – उत्कर्ष, ग्वालियर व्यापार मेला प्राधिकरण, ग्वालियर, 2004-05

लघु पुस्तिकाएँ

1. सिंधिया स्कूल में दिये गये भाषणों की पुस्तिका, सिंधिया स्कूल, ग्वालियर, 2001
2. द सिंधिया स्कूल रिव्यू, द प्रिंसिपल सिंधिया स्कूल, ग्वालियर, 2001
3. द सिंधिया स्कूल सेन्टीनरी (1897-1997 ई0), सिंधिया स्कूल एज्यूकेशन सोसायटी, ग्वालियर, 1997
4. इन फॉउण्ट मेमोरी ऑफ अवर चेयरमेन हिज हाईनेस श्रीमंत माधवराव सिंधिया, सिंधिया कन्या विद्यालय, ग्वालियर, 2001
5. मंत्रीस्तरीय मीटिंग, 21 अप्रैल, 1995, नई दिल्ली, एच0आर0डी0 मंत्रालय,नई दिल्ली, 1995
6. राज्य के मंत्रियों की प्राथमिक शिक्षा पर मीटिंग, 04 अप्रैल, 1995, नई दिल्ली, एच0आर0डी0 मंत्रालय, नई दिल्ली, 1995
7. स्कूली शिक्षा के प्रभाव व प्राथमिक चरण पर इसकी उपलब्धियों पर आधारित अंतर्राष्ट्रीय सम्मेलन में समापन भाषण, 19 जुलाई, 1995, नई दिल्ली, एच0आर0डी0 मंत्रालयय, नई दिल्ली, 1995
8. कौमी तंजीम सम्मेलन, 6 मई, 1995, नई दिल्ली, एच0आर0डी0 मंत्रालय,नई दिल्ली, 1995
9. विश्वविद्यालय के सदस्यों की समन्वय सभा में माधवराव सिंधिया का भाषण, 06 मई, 1995, इग्नू, नई दिल्ली, 1995
10. प्लेसमेण्ट ब्राउचर, भारतीय पर्यटन व यात्रा प्रबंध संस्थान, ग्वालियर, 2004-05
11. माधवराव सिंधिया स्मृति व्याख्यान, 10 मार्च, 2002, जीवाजी विश्वविद्यालय, ग्वालियर, 2002
12. माधवराव सिंधिया स्मृति व्याख्यान, 10 मार्च, 2003, जीवाजी विश्वविद्यालय, ग्वालियर, 2003
13. माधवराव सिंधिया स्मृति व्याख्यान, 10 मार्च, 2006, जीवाजी विश्वविद्यालय, ग्वालियर, 2006

14. सूर्य की किरण, युवाओं की प्रेरणा, देश का विकास (ज्योतिरादित्य सिंधिया), श्रीमंत सिंधिया ब्रिगेड, ग्वालिय्रर, 2009
15. श्रद्धा सुमन, ग्वालियर, 2007

शासकीय प्रकाशन

ग्वालियर स्टेट (एडमिनिस्ट्रेशन रिपोर्ट)
1. एडमिनिस्ट्रेशन ऑफ दि ग्वालियर स्टेट, आलीजाह दरबार प्रेस, ग्वालियर सन् 1943-44
2. एडमिनिस्ट्रेशन ऑफ दि ग्वालियर स्टेट, आलीजाह दरबार प्रेस, ग्वालियर, सन् 1944-45
3. रिपोर्ट ऑफ दि इकोनोमिक एण्ड इण्डस्ट्रीयल सर्वे कमीशन, ग्वालियर स्टेट, आलीजाह दरबार प्रेस, ग्वालियर, सन् 1932

मेन्युअल

1. मध्यभारत जमींदार समाप्ति समिति की रिपोर्ट सन् 1949, गवर्नमेंट सेन्ट्रल प्रेस, ग्वालियर
2. ग्वालियर राज्य का कार्य विवरण भाग-2 आलीजाह दरबार प्रेस, ग्वालियर, 1946

गजेटियर

1. कृष्णन्, व0सु0 - मध्यप्रदेश जिला गजेटियर ग्वालियर, भोपाल, 1968
2. लुअर्ड, सी0ई0 - गजेटियर रियासत ग्वालियर, पुनर्मुद्रण, भोपाल, 1996

संबंधित पत्रिकाएँ

1. शिखर वार्त्ता, भोपाल, अक्टूबर, 2001,
2. प्रोब इण्डिया, इलाहाबाद, सितम्बर, 1987,
3. सण्डे, कलकत्ता, अक्टूबर, 1991
4. सोसायटी, बम्बई, अगस्त, 1992
5. प्रतियोगिता दर्पण, आगरा, दिसम्बर, 2001
6. भू-भारती, नई दिल्ली, सितम्बर (द्वितीय), 1983
7. माया, इलाहाबाद, जून, 1982 एवं 15 जनवरी, 1988
8. सरल-सलिल, भोपाल, नवम्बर, 2001

9. मत, ग्वालियर, सितम्बर-अक्टूबर, 2005
10. सूर्या इण्डिया, नई दिल्ली, सितम्बर, 1992
11. इण्डिया टुडे, नई दिल्ली, अक्टूबर, 2001

संबंधित समाचार-पत्र

1. हिन्दुस्तान टाइम्स, नई दिल्ली
2. इण्डियन एक्सप्रेस, नई दिल्ली
3. टाइम्स ऑफ इण्डिया, नई दिल्ली
4. द टेलीग्राफ, कलकत्ता
5. द हिन्दू, मद्रास, नई दिल्ली
6. नवभारत टाइम्स, नई दिल्ली
7. जनसत्ता, नई दिल्ली
8. राष्ट्रीय सहारा-समय, नई दिल्ली
9. दैनिक जगयुग, नई दिल्ली
10. राजस्थान-पत्रिका, जयपुर
11. अमर उजाला, आगरा
12. राष्ट्रीय चेतना, नई दिल्ली
13. अमृत संदेश, रायपुर
14. दैनिक विकासशील भारत, आगरा
15. राज्य की नई दुनिया, भोपाल
16. दैनिक महाकौशल, रायपुर
17. दैनिक आज, पटना
18. दैनिक भास्कर, ग्वालियर, भोपाल, इंदौर
19. दैनिक नई दुनिया, ग्वालियर, इंदौर
20. दैनिक नवभारत, ग्वालियर, भोपाल, इंदौर
21. दैनिक आचरण, ग्वालियर
22. दैनिक जागरण, ग्वालियर, भोपाल
23. दैनिक स्वदेश, ग्वालियर, भोपाल
24. दैनिक सांध्य प्रकाश, भोपाल
25. मध्यप्रदेश संदेश, भोपाल
26. स्वदेश, रजत जयन्ती विशेषांक, ग्वालियर

शोध पत्र :

1. शर्मा, आनन्द कुमार – ग्वालियर के सिंधिया शासकों की जनहितैशी

कार्यप्रणाली, 'इतिहास-दर्पण', शोध जर्नल, औरंगाबाद, जुलाई-दिसम्बर, 2006

2. शर्मा, डॉ.आनन्द कुमार - माधवराव सिंधिया द्वितीय का समकालीन इतिहास में योगदान, 'इतिहास-दर्पण', शोध जर्नल, औरंगाबाद, जनवरी-जून, 2007
3. Sharma, dr. Anand Kumar - The Historical Analysis of geographical situation of scindhia State, Abstract joint comference in sos AIHC & ARCH., JU. Gwalior , Contest no. 63, 02- 05, Dec. 2006
4. शर्मा, डॉ.आनन्द कुमार - ग्वालियर रियासत के ग्रामीण विकास में सिंधिया शासकों की भूमिका, राष्ट्रीय ग्रामीण विकास संस्थान, हैदराबाद, जनवरी - जून, 2008
5. शर्मा, डॉ.आनन्द कुमार - ग्वालियर रियासत में सांप्रदायिक शांति एवं सद्भावना के लिए माधवराव सिंधिया प्रथम (1886-1925 ई.) के प्रयासों का विश्लेषण, 'इतिहास-दर्पण', शोध जर्नल, औरंगाबाद, संयुक्त अंक, जनवरी-दिसम्बर, 2009
6. शर्मा, डॉ.आनन्द कुमार - माधवराव सिंधिया द्वितीय का एक कुशल प्रशासक के रूप में मूल्यांकन, 'शोध -समवेत', शोध जर्नल, उज्जैन, जनवरी-मार्च, 2008,
7. शर्मा, डॉ. आनन्द कुमार - आधुनिक ग्वालियर के प्रणेता सिंधिया, दैनिक नई दुनिया, ग्वालियर, 10 मार्च 2006
8. शर्मा, डॉ.आनन्द कुमार - ग्वालियर के लिए धड़कता था उनका हृदय, दैनिक नई दुनिया, ग्वालियर, 11 मार्च 2008
9. शर्मा, डॉ.आनन्द कुमार - माधवराव सिंधिया का बेदाग संसदीय इतिहास, दैनिक नवभारत, ग्वालियर, 10 मार्च 2006
10. शर्मा, आनन्द कुमार - राजनीतिक में सचिता के प्रतिनिधि कै. श्रीमंत माधवरावसिंधिया, श्रद्धा सुमन, लघु पुस्तिका में मुख्य आलेख, ग्वालियर, 2007
11. शर्मा, डॉ.आनन्द कुमार - ग्वालियर का गौरव सिंधिया परिवार, दैनिक आदित्याज, विशेषांक, ग्वालियर, 14 सितम्बर 2008
12. शर्मा, डॉ.आनन्द कुमार - महान खेल प्रशासक माधवराव सिंधिया, दैनिक आदित्याज, ग्वालियर, 10 मार्च 2009

शाही शादी में शाही मेहमान!

भारत INDIA
5.00
माधवराव सिंधिया
MADHAVRAO SCINDIA

क्यूबा के राष्ट्रपति फीडल कास्ट्रो के साथ।

...धी के साथ। बिल क्लिंटन, श्रीमती सोनिया गांधी, डॉ. मनमोहन सिंह, नटवर सिंह और महाराजा माधवराव सिंधिया

साथ हैं कश्मीर की राजकुमारी मृगांका सिंह व राजकुमार मार्तण्ड सिंह।

राजकुमार कपूरथला, युवराज ज्योतिरादित्य, डॉ. कर्ण सिंह महाराजा कश्मीर, महारानी माधवी राजे, दामाद युवराज विक्रमादित्य सिंह, महाराजा श्रीमंत माधवराव सिंधिया, कश्मीर की महारानी, राजकुमारी चित्रांगदा राजे सिंह तथा कपूरथला के राजकुमार [illegible] सिंह।